Simone Kellner Basiswissen für Dolmetscher und Übersetzer – Österreich

Transkulturalität – Translation – Transfer, Band 31
Herausgegeben von
Dörte Andres / Martina Behr / Larisa Schippel / Cornelia Zwischenberger

Simone Kellner

Basiswissen für Dolmetscher und Übersetzer – Österreich

Frank & Timme
Verlag für wissenschaftliche Literatur

ISBN 978-3-7329-0370-2
ISBN (E-Book) 978-3-7329-9657-5
ISSN 2196-2405

Herstellung durch Frank & Timme GmbH,
Wittelsbacherstraße 27a, 10707 Berlin.
Printed in Germany.
Gedruckt auf säurefreiem, alterungsbeständigem Papier.

www.frank-timme.de

Inhaltsverzeichnis

Tabellenverzeichnis

DOROTHEE JACOBS/THOMAS KAMMER/SOPHIA ROESSLER/ANNIKA SELNOW

1 Basiswissen für Dolmetscher und Übersetzer[1]

1.1 Welches Wissen benötigt ein Dolmetscher?

Als Experten für Kommunikation und Verständigung erbringt ein Dolmetscher zwei Hauptleistungen:

> a) eine Verstehensleistung, gestützt auf spezifische Sprach- und Kulturkompetenz sowie Allgemeinbildung, Hintergrund- und Sachwissen, und b) eine sprecherische Kommunikationsleistung, zusätzlich gestützt auf Redekompetenz und ggf. rasch aktivierbaren Fachwortschatz. (Mack 2002: 115)

Bevor der Dolmetscher also mit der Übertragung des Sinns einer Texteinheit in den Zielkontext und mit der Produktion des Zieltextes beginnen kann, muss er die Äußerung des Redners verstehen, und um zu verstehen, muss er auf bereits vorhandenes Wissen zurückgreifen. Versucht man nun aber dieses Wissen zu definieren oder die verschiedenen Wissensarten, wie Sprach-, Kultur- oder Allgemeinwissen, zu unterscheiden, stellt dies, wie das folgende Beispiel zeigt, eine große Herausforderung dar:

> Was wir ‚alle wissen' ist so selbstverständlich, dass es uns absurd oder seltsam vorkommt, dieses Wissen zu thematisieren. Oft neigen wir dazu, Menschen, die unser Kulturwissen nicht besitzen, als ignorant zu bezeichnen: ‚Jemand, der Mozart nicht kennt, ist ein Kulturbanause.' [...] [Aber] [w]ie viele afrikanische Komponisten kennen Sie? Oder: Können Sie eine chinesische Malerin nennen? (Kadrić et al. 2012: 30)

Hier wird deutlich, dass unser Weltwissen, also unsere Allgemeinbildung, gar nicht so allgemein ist, wie sie erscheinen mag. Jede Kultur hat ihr ganz eigenes Weltwissen. Das Weltwissen ist somit kulturspezifisch und ist folglich gewissermaßen auch Teil der Kulturkompetenz des Translators (vgl. Kadrić et al. 2012: 30). Im deutschen Kulturkreis kann man davon ausgehen, dass die Grundzüge des deutschen politischen Systems zur Allgemeinbildung zählen. Wie aber verhält es sich mit dem Wissen von Deutschen über das politische System und dessen Aufbau in anderen Staaten? Dies ist nur eines von unzähligen Beispielen, die belegen wie vielschichtig Kulturen sind und wie schwer es ist, sie eindeutig voneinander zu trennen – zudem überschneidet sich kulturelles Wissen verschiedener Kulturen häufig. All das erschwert es zusätzlich

[1] Die männliche Form ist hier und im Folgenden inkludierend zu verstehen.

zu bestimmen, was zur Allgemeinbildung gehört und was nicht. In letzter Konsequenz ist sie von Individuum zu Individuum und je nach Zugehörigkeit zu verschiedenen Kulturen anders definiert (vgl. Witte 2000: 56 ff., Vermeer 1986: 243, Pöchhacker 1994: 68 f.).

Sprach-, Kultur- und Weltwissen (im Sinne von Allgemeinbildung) wie auch Sach- und Fachwissen sind also über die Kultur eng miteinander verknüpft, sodass jeder Kulturkreis sein eigenes allumfassendes Wissen besitzt. Bezeichnet man nun eine Kultur als in sich geschlossene Welt, ergibt sich daraus eine neue Definition von Weltwissen, nämlich die Gesamtheit des Sprach-, Allgemein-, Sach- und Fachwissens innerhalb einer Kultur, wobei sich die verschiedenen Kulturen auf vielen Ebenen überschneiden und auf dieselben Wissensbestände zurückgreifen. Die Schwierigkeit für einen Translator besteht darin, dass er sich unmöglich das gesamte ‚Weltwissen' seiner eigenen Kultur und das gesamte ‚Weltwissen' der anderen im Translationsprozess involvierten Kulturen aneignen kann. Vielmehr muss er über ausreichend grundlegendes Wissen aus beiden Kulturen verfügen, um die Aussagen des Ausgangstext-Produzenten so weit zu verstehen, dass er sie für den Rezipienten des Zieltextes unter Berücksichtigung der verschiedenen kulturellen Normen übertragen kann.

1.2 Wissen in der Dolmetschwissenschaft und -didaktik

Schon seit den Anfängen der Dolmetschwissenschaft wird auf die Bedeutung von Wissensbeständen hingewiesen. Die von Danica Seleskovitch begründete *théorie du sens* (*Pariser Schule*) basiert auf der Annahme, dass das Verständnis vom Sinn einer Äußerung (*sens*) beim einzelnen Hörer davon abhängt,

> welche Beziehung er zwischen den von ihm wahrgenommenen sprachlichen Formulierungen und seinen Kenntnissen des behandelten Themas, der Persönlichkeit des Sprechers, der jeweiligen Umstände, des angesprochenen Personenkreises etc. herstellt. Dieser Brückenschlag zwischen bereits vorhandenem Wissen und dem Wortlaut der Aussage ist das für den Dolmetscher unerläßliche Verständnis. (Seleskovitch 1984: 40)

Es ist genau dieses Verständnis, das bis heute ein zentraler Forschungsgegenstand der Dolmetschwissenschaft ist und es besteht Konsens darüber, dass Sprach-, Kultur-, Sach- und Fachwissen sowie Weltwissen im Allgemeinen unabdingbare Voraussetzung für jegliche professionelle translatorische Handlung sind. Doch wenn es um die Frage geht, was ein Dolmetscher genau wissen muss, bleibt die Antwort innerhalb der Dolmetschwissenschaft weitgehend unbeantwortet.

Dies gilt auch für die Dolmetschdidaktik, deren Aufgabenbereich Sylvia Kalina wie folgt beschreibt:

> Es geht um die theoretisch fundierte, systematisch aufgebaute und methodisch abgesicherte Vermittlung von Wissensbeständen, Prozeduren und Kompetenzen, die für die an Hochschulen gelehrten Dolmetscharten [...] erforderlich sind. Die Basis, auf der dolmetschdidaktische Ziele verfolgt werden können (exzellente [...] Sprachkenntnisse; gute Kenntnis der Kulturen der beteiligten Sprachen; Sachwissen, das ständig zu erweitern und zu vertiefen ist) ist nicht primär Gegenstand der Dolmetschdidaktik und ist als Voraussetzung auch des Übersetzerstudiums zu betrachten. Einige dieser gemeinsamen Grundlagen, wie die Erschließung von Fachgebieten, das Wissen um die jeweiligen Fachsprachen, Stilkonventionen, Sensibilität für (inter)kulturelle Unterschiede und Besonderheiten, werden auch von der Dolmetschdidaktik berührt. (Kalina 2000: 162)

Während der Ausbildung soll der Kenntnishorizont der zukünftigen Dolmetscher beständig in allen relevanten Bereichen erweitert werden. Allerdings liegt das Hauptaugenmerk auf der Erweiterung des Wissens, das sich direkt auf die Tätigkeit des Dolmetschers bezieht, und auf dem Erwerb der Dolmetschkompetenz. Es wird durchaus zu Recht gefordert, dass die Muttersprache und die Fremdsprachen bereits vor Beginn des Studiums auf einem hohen Niveau beherrscht werden. Ähnliches gilt auch für das kulturspezifische Wissen und „die vielgepriesene gute Allgemeinbildung“, die laut Willet (1984: 91) Grundbegriffe von Wirtschaft, Recht, Politik, Geschichte, Geographie, Technik, Naturwissenschaft und Medizin (ausgenommen detaillierte Fachkenntnisse, die erst im Bedarfsfall erworben werden) umfasst (vgl. Willett 1984: 91 ff., Kalina 1998: 269, Kautz 2002: 19 f.).

Es zeigt sich also, dass der Wissenserwerb bezüglich Sprache, Kultur und grundlegender Bereiche des Sach- und Fachwissens während des Studiums weitestgehend in die Hand der Studierenden gelegt wird, da es nicht als die primäre Aufgabe der Dolmetschdidaktik angesehen wird, diese Wissensbestände von Grund auf zu entwickeln.

1.3 Die Bedeutung von Wissensnetzwerken

Viele der Schwierigkeiten, die sich bei der Definition und Abgrenzung von Wissensarten ergeben, beruhen darauf, dass Wissen grundsätzlich in vieldimensionalen, oft schwer greifbaren Netzwerken aufgebaut ist. Im Gehirn werden Informationen über die Vernetzungen von Nervenzellen gespeichert. Dabei werden Informationen umso tiefer verankert und somit umso besser behalten, je öfter sie abgerufen und dadurch erneut gespeichert werden. Da zur Aktivierung von Nervenzellen Schwellenwerte überschritten werden müssen, kann besser auf Inhalte des Langzeitgedächtnisses zugegriffen werden, wenn die entsprechenden Neuronen schon voraktiviert wurden oder aus mehreren Richtungen gleichzeitig aktiviert werden. Dies erklärt, warum es leichter fällt, etwas aktiv aus dem Gedächtnis abzurufen, wenn man Hinweise bekommt. Es ist somit von Vorteil, wenn Wissensinhalte mit verwandten Themen und Begriffen aktiv verknüpft werden, um so eine möglichst umfassende Vorstellung von diesen Wissensinhalten zu erlangen und sie auch direkt abrufen zu können (vgl. Brand/Markowitsch 2009: 73 und Rütten 2007: 60 ff.).

Je mehr Kenntnisse und damit Anknüpfungspunkte der Dolmetscher besitzt, desto mehr kognitive Kapazitäten bleiben für den eigentlichen Dolmetschprozess, der sich nach dem *Effort Model* von Daniel Gile aus Hören, Analyse, Speichern und Produzieren zusammensetzt. Der Dolmetscher muss seine Kapazitäten während des Dolmetschens optimal auf diese Komponenten verteilen, denn sobald es bei einer Komponente zu Schwierigkeiten kommt, wird Kapazität von den anderen abgezogen, wodurch es wiederum zu weiteren Schwierigkeiten und Fehlern im Dolmetschprozess kommen kann (vgl. Gile 2009: 157 ff.). Die momentane Aufmerksamkeit weist somit Grenzen auf. Um die Analyse, also das Verstehen und auch das Speichern, zu optimieren, ist es von grundlegender Bedeutung Wissensnetzwerke von Anfang an strukturiert aufzubauen. In diesen werden Informationen in Form von Wissenseinheiten, sogenannten *units* bzw. *chunks*, gespeichert und können dadurch schnell und einfach aus dem Langzeitgedächtnis abgerufen werden. Mit weniger Aufwand kann man sich somit mehr merken und es wird mehr Kapazität für die anderen Komponenten des Dolmetschprozesses frei (vgl. Kurz 1996).

1.4 Basiswissen

Wie sich gezeigt hat, lassen sich Grenzen zwischen verschiedenen Wissensarten nur sehr schwer ziehen, da „‚Sprach-' und ‚Weltwissen' letztlich nur theoretisch-begrifflich, nicht aber in der kommunikativen und kognitiven Realität unterschieden werden können" (Busse 1992: 92). Bei Translatoren verschmelzen somit Sprache und kulturell geprägtes Weltwissen miteinander. Daraus ergibt sich, dass es sinnvoll ist, diese Verbindung auch aktiv zu fördern und sich als Sprachmittler Vokabular und Wissen im Zusammenhang gemeinsam zu erarbeiten und somit direkt zu vernetzen. Gerade für Dolmetscher ist dies essentiell, da beim Dolmetschen sprachliche Lösungen spontan verfügbar sein müssen und davon auszugehen ist, „dass unterschiedliches Vorwissen zu großen Leistungsunterschieden führen kann" (Winter 2011: 217).

Um Verwechslungen vorzubeugen und der Tatsache Rechnung zu tragen, dass „Grundbegriffe wie Wissen, Sprache, Kommunikation, Kultur etc. [...] in der Alltagssprache ebenso wie in verschiedenen Fachsprachen in sehr unterschiedlicher Weise verwendet werden" (Budin 2002: 74), soll an dieser Stelle der Begriff „Basiswissen" eingeführt werden. Basiswissen stellt das grundlegende Wissen dar, ohne das ein ausreichend tiefgehendes Verständnis beim Dolmetschen nicht möglich ist. Es bildet somit ein gut strukturiertes Fundament für ausbaufähige Wissensnetzwerke zu verschiedenen Themen. Essentiell für das Basiswissen von Dolmetschern ist die enge Verknüpfung von Fakten mit den nötigen sprachlichen Mitteln, um die entsprechenden Sachverhalte in allen Arbeitssprachen verstehen und sich in aktiven Sprachen zudem adäquat zum Thema äußern zu können.

Im Folgenden ist dieses Basiswissen für die erweiterte politische Landeskunde von Österreich dargestellt.

Quellen

Brand, Matthias / Hans J. Markowitsch (2009[2]) Lernen und Gedächtnis aus neurowissenschaftlicher Perspektive. In: Herrmann, Ulrich (Hg.): *Neurodidaktik: Grundlagen und Vorschläge für gehirngerechtes Lehren und Lernen.* Weinheim/Basel: Beltz. 69-85.

Budin, Gerhard (2002) Wissensmanagement in der Translation. In: Best, Joanna / Sylvia Kalina (Hg.): *Übersetzen und Dolmetschen.* Tübingen/Basel: Francke. 74-85.

Busse, Dietrich (1992) *Textinterpretation: sprachtheoretische Grundlagen einer explikativen Semantik.* Opladen: Westdeutscher Verlag.

Gile, Daniel (2009) *Basic Concepts and Models for Interpreter and Translator Training.* Revised edition. Amsterdam / Philadelphia: John Benjamins.

Kadrić, Mira / Klaus Kaindl / Michèle Cooke (2012[5]) *Translatorische Methodik.* Wien: Facultas.

Kalina, Sylvia (1998) *Strategische Prozesse beim Dolmetschen. Theoretische Grundlagen, empirische Fallstudien, didaktische Konsequenzen.* Tübingen: Narr.

Kalina, Sylvia (2000) Zu den Grundlagen einer Didaktik des Dolmetschens. In: Kalina, Sylvia / Silke Buhl / Heidrun Gerzymisch-Arbogast (Hg.): *Dolmetschen: Theorie – Praxis – Didaktik.* St. Ingbert: Röhrig Universitätsverlag. 161-183.

Kautz, Ulrich (2002) *Handbuch Didaktik des Übersetzens und Dolmetschens.* München: Iudicum.

Kurz, Ingrid (1996) *Simultandolmetschen als Gegenstand der interdisziplinären Forschung.* Wien: WUV-Universitätsverlag.

Mack, Gabriele (2002) Die Beurteilung professioneller Dolmetschleistungen. In: Best, Joanna / Sylvia Kalina (Hg.): *Übersetzen und Dolmetschen.* Tübingen / Basel: Francke. 110-119.

Pöchhacker, Franz (1994) *Simultandolmetschen als komplexes Handeln.* Tübingen: Narr.

Rütten, Anja (2007) *Informations- und Wissensmanagement im Konferenzdolmetschen.* Frankfurt am Main: Peter Lang.

Seleskovitch, Danica (1984) Zur Theorie des Dolmetschens. In: Kapp, Volker (Hg.): *Übersetzer und Dolmetscher.* München: A. Francke. 37-50.

Vermeer, Hans J. (1986) *Voraussetzung für eine Translationstheorie.* Heidelberg: Vermeer.

Willett, Ruth (1984) Die Ausbildung zum Konferenzdolmetscher. In: Kapp, Volker (Hg.): *Übersetzer und Dolmetscher.* München: A. Francke. 87-109.

Winter, Miriam (2011) Expertise im Dolmetschen. In: Andres, Dörte / Martina Behr (Hg.): *Interpretes Mundi – Deuter der Welt.* München: Meidenbauer. 203-226.

Witte, Heidrun (2000) *Die Kulturkompetenz des Translators – Begriffliche Grundlegung und Didaktisierung.* Tübingen: Stauffenburg.

2 Landeskunde Österreich

2.1 Allgemeine Informationen

Amtssprache:	Deutsch
Minderheitensprachen:	Burgenlandkroatisch, Slowenisch, Ungarisch, Tschechisch, Slowakisch und Romanes der österreichischen Volksgruppe der Roma
Weitere anerkannte Sprache:	Österreichische Gebärdensprache
Bundeshauptstadt:	Wien
Staatsform:	demokratische Republik
Staatsoberhaupt:	Bundespräsident
Regierungschef:	Bundeskanzler
Nationalfeiertag:	26. Oktober
Internationale Mitgliedschaften (Beitrittsjahr):	
u. a. UNO (1955), Europarat (1956), EFTA (1960), OECD (1960), OSZE (1973), WTO (1995, Beitritt zur GATT 1951), EU (1995)	
Einwohnerzahl:	8.773.686 (Stand 1. Januar 2017)
Bevölkerungsdichte:	ca. 105 Einwohner je km²
Fläche:	83.879 km²
Ausdehnung:	größte West-Ost-Ausdehnung 573 km, größte Nord-Süd-Ausdehnung 294 km
Nachbarstaaten:	Deutschland, Tschechische Republik, Slowakei, Ungarn, Slowenien, Italien, Schweiz und Liechtenstein
Höchster Berg:	Großglockner (3.798 m)
Längster Fluss:	Donau (350 km auf österreichischem Gebiet)

Tab. 1: Allgemeine Informationen Österreich

Abb. 1: Österreichkarte

Datenquelle: basemap.at

2.2 Das politische System

2.2.1 Das Verfassungsrecht

Bundes-Verfassungsgesetz (B-VG)

Im Gegensatz zu Deutschland, wo die Verfassung als eine einheitliche Urkunde (Grundgesetz) existiert, ist die österreichische Verfassung auf eine Vielzahl von Rechtsquellen aufgeteilt. Die Stammurkunde ist das Bundes-Verfassungsgesetz (B-VG) von 1920 in der Fassung von 1929, das seither über 90 Mal novelliert wurde. Darüber hinaus zählen die Bundesverfassungsgesetze (z.B. das Neutralitätsgesetz), Staatsverträge und Teile von einfachen Gesetzen (Paragraphen, Absätze oder einzelne Sätze) zur Verfassung. Auch die Europäische Menschenrechtskonvention (EMRK) steht im Verfassungsrang.

Bundes-verfassungs-gesetze

Reformen

Heute ist man sich einig, dass das Bundesverfassungsgesetz aufgrund seiner Zersplitterung, aber auch inhaltlich reformbedürftig ist. Dies betrifft u. a. die komplizierte Verteilung der Kompetenzen zwischen Bund und Länder sowie die Grundrechte, weil der Grundrechtskatalog in Österreich teilweise noch auf die Monarchie zurückgeht und von der Europäischen Menschenrechtskonvention (EMRK) einfach überlagert wurde. Eine Gesamtreform wurde mehrmals angestrebt, wie etwa durch den Österreich-Konvent 2003/2004, der allerdings scheiterte. Danach versuchte man Veränderungen in kleineren Schritten mit der B-VG-Novelle 2007 und dem Ersten Bundesverfassungsrechtsbereinigungsgesetz BGBlI 2008/2.

2.2.1.1 Der Stufenbau der Rechtsordnung

Stufenbau der Rechtsordnung

Die Hierarchie der Rechtsquellen bezeichnet man als Stufenbau der Rechtsordnung, wonach eine niederrangige Norm immer durch eine höherrangige gedeckt sein muss und der höherrangigen nicht widersprechen darf. Das Unionsrecht (Recht der EU) ist in der Regel immer vorrangig. Strittig bleibt, ob dies auch auf die Grundprinzipien der Verfassung zutrifft. Der innerstaatliche Stufenbau der Rechtsordnung gestaltet sich vereinfacht gesehen wie folgt:

Grundprinzipien

Bundesverfassungsrecht

Gesetze

Verordnungen

Individuelle Verwaltungsakte Urteile

Vollzugsakte

2.2.1.2 Die Grundprinzipien der Bundesverfassung

Grundprinzipien (Baugesetze)

Die verfassungsrechtlichen Grundprinzipien, auch Baugesetze genannt, sind das demokratische, das republikanische, das bundesstaatliche und das rechtsstaatliche Prinzip. Darüber hinaus können auch das gewaltenteilende und das liberale Prinzip dazugezählt werden. Manche betrachten diese aber nicht als eigenständige Prinzipien, sondern als Teil des rechtsstaatlichen Prinzips. Bei den Baugesetzen des Bundes-Verfassungsgesetzes handelt es sich um eine Interpretation, weil diese nicht explizit im B-VG aufgezählt werden. Wenn es zu einer Gesamtänderung der Bundesverfassung kommt, entscheidet letztendlich das Volk mittels Volksabstimmung, wie es beispielsweise im Zuge des EU- Beitritts der Fall war. Nach herrschender Meinung stellt die Beseitigung oder Modifizierung von tragenden Grundprinzipien eine Gesamtänderung dar. Bei Teiländerungen ist eine parlamentarische 2/3-Mehrheit erforderlich.

demokratisches Prinzip

Art 1 B-VG besagt: „Österreich ist eine demokratische Republik. Ihr Recht geht vom Volk aus.“ Genauer betrachtet ist Österreich eine repräsentative Demokratie mit plebiszitären Einschlägen. Einerseits wählt das Volk seine Repräsentanten auf Bundes-, Landes- und Gemeindeebene, andererseits kann es sich auch direkt mittels Volksabstimmung, Volksbefragung und Volksbegehren an der Staatswillensbildung beteiligen. Ein wesentliches Merkmal ist die Gleichheit der Staatsbürger, z.B. gibt es ein allgemeines und gleiches Wahlrecht.

Akteure der Demokratie

In der österreichischen Demokratie spielen folgende Akteure eine bedeutende Rolle:

- politische Parteien;
- Interessensverbände (Arbeiterkammer, Wirtschaftskammer, Gewerkschaftsbund, Industriellenvereinigung und Landwirtschaftskammer), die Zusammenarbeit der Arbeitgeber- und Arbeitnehmerverbände wird *Sozialpartnerschaft* genannt, die wiederum mit der Regierung zusammenwirkt;
- Medien (auch als *vierte Gewalt* bezeichnet);
- soziale Medien.

republikanisches Prinzip

Eine Republik zeichnet sich dadurch aus, dass das Staatsoberhaupt vom Volk oder vom Parlament für einen bestimmten Zeitraum gewählt wird und politische und rechtliche Verantwortung trägt. Die Republik steht im Gegensatz zur Monarchie. Das österreichische Staatsoberhaupt ist der Bundespräsident (siehe *2.2.3.1 Bundespräsident*).

bundesstaatliches Prinzip

Laut B-VG ist Österreich ein Bundesstaat aus neun selbstständigen Ländern: Burgenland, Kärnten, Niederösterreich, Oberösterreich, Salzburg, Steiermark, Tirol, Vorarlberg, Wien.

Kompetenzen von Bund und Ländern

Das bundesstaatliche Prinzip ist in Österreich sehr schwach ausgeprägt, weil zur Zeit der Verfassungsentstehung ein Kompromiss zwischen dezentralisiertem Einheitsstaat und Bundesstaat getroffen wurde und man in der Folge dem Bund die wichtigsten Kompetenzen zugesprochen hat. Die Aufteilung dieser Kompetenzen ist sehr komplex, generell kann man sie aber in vier Typen einteilen: a) die Gesetzgebung und Vollziehung liegen beim Bund, b) die Gesetzgebung ist Bundessache und die Vollziehung Landessache, c) die Grundsatzgesetzgebung übernimmt der Bund und die Ausführungsgesetzgebung sowie die Vollziehung das Land, d) Gesetzgebung und Vollziehung sind Landessache. Zur letztgenannten Kategorie gehören u. a. das Baurecht, das Raumordnungsrecht und das Naturschutzrecht.

Landesverfassungen

Die Bundesländer haben eigene Landesverfassungen, die jedoch nur eine relative Autonomie besitzen, weil sie den Grundprinzipien des bundesstaatlichen Verfassungsrechts entsprechen müssen.

Bundesrat

Die Länder sind in der Bundesgesetzgebung durch den Bundesrat vertreten, dessen Mitglieder von den Landtagen gewählt werden (siehe *2.2.2.2 Bundesrat*).

Landtag

Landesregierung

Die Parlamente der Länder werden *Landtage* genannt und bestehen aus nur einer Kammer (siehe *2.2.2.7 Gesetzgebung der Länder*). Wien nimmt eine Sonderstellung ein, weil es sich gleichzeitig um ein Bundesland und eine Stadt handelt. Die Landesregierung, an dessen Spitze ein Landeshauptmann/eine Landeshauptfrau steht, ist für die Landesverwaltung zuständig. Mit der Durchführung ist das Amt der Landesregierung betraut (siehe *2.2.3.3 Landesverwaltung*).

politische Bezirke/ Statutarstädte

Die Länder untergliedern sich in politische Bezirke (in Vorarlberg und Niederösterreich in Verwaltungsbezirke) und Statutarstädte. Die Bezirkshauptmannschaft steht an der Spitze eines jeden Bezirks, bei Städten mit eigenem Statut ist es der Magistrat. Wien ist eine Statutarstadt. Die 23 Wiener Gemeindebezirke sind aber mit Ortschaften und nicht mit politischen Bezirken vergleichbar. Außer Bregenz sind alle Landeshauptstädte auch Statutarstädte.

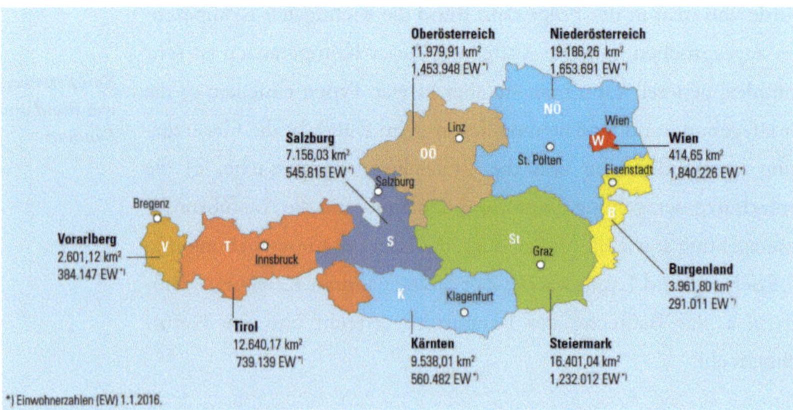

Abb. 2: Bundesländer
Quelle: STATISTIK AUSTRIA (2017b)

Die folgende Tabelle beinhaltet Basisinformationen zur Geographie der Bundesländer. Es werden die Landeshauptstädte sowie alle politischen Bezirke genannt; bei den restlichen Angaben handelt es sich in der Regel um eine Auswahl.

Geographie der Bundesländer

Burgenland	
Hauptstadt:	Eisenstadt
politische Bezirke:	Eisenstadt (Statutarstadt), Rust (Statutarstadt), Eisenstadt-Umgebung, Güssing, Jennersdorf, Mattersburg, Neusiedl am See, Oberpullendorf, Oberwart
Städte:	Eisenstadt, Mattersburg, Neusiedl am See, Oberwart
Gewässer:	**Flüsse:** Lafnitz, Leitha, Pinka, Raab, Rabnitz, Wulka
	Seen: Neusiedler See, Lange Lacke
Gebirge:	Leithagebirge, Ödenburger Gebirge, Rosaliengebirge
Regionen:	Blaufränkischland, Brucker Pforte, Hanság, Kleine Ungarische Tiefebene, Naturpark Landseer Berge, Naturpark Rosalia-Kogelberg, Parndorfer Heide, Seewinkel

Kärnten	
Hauptstadt:	Klagenfurt am Wörthersee
politische Bezirke:	Klagenfurt am Wörthersee (Statutarstadt), Villach (Statutarstadt), Feldkirchen, Hermagor, Klagenfurt-Land, Sankt Veit an der Glan, Spittal an der Drau, Villach-Land, Völkermarkt, Wolfsberg
Städte:	Feldkirchen in Kärnten, Klagenfurt am Wörthersee, Sankt Veit an der Glan, Spittal an der Drau, Villach, Wolfsberg
Gewässer:	**Flüsse:** Drau, Gail, Gurk
	Seen: Millstätter See, Ossiacher See, Weißensee, Wörthersee
Landschaften:	**Gebirge:** Gailtaler Alpen, Gurktaler Alpen, Hohe Tauern, Karawanken, Karnische Alpen, Koralpe, Saualpe, Seetaler Alpen, Steiner Alpen
	Täler und Becken: Drautal, Gailtal, Klagenfurter Becken, Lavanttal, Mölltal
	Pässe: Hochtor, Katschberg, Klippitztörl, Turracher Höhe
Regionen:	Oberkärnten, Unterkärnten

Niederösterreich	
Hauptstadt:	St. Pölten
Verwaltungsbezirke:	Krems (Statutarstadt), St. Pölten (Statutarstadt), Waidhofen an der Ybbs (Statutarstadt), Wiener Neustadt (Statutarstadt), Amstetten, Baden, Bruck an der Leitha, Gänserndorf, Gmünd, Hollabrunn, Horn, Korneuburg, Lilienfeld, Melk, Mistelbach, Mödling, Neunkirchen, St. Pölten-Land, Scheibbs, Tulln, Waidhofen an der Thaya, Wiener Neustadt, Zwettl
Städte:	Amstetten, Baden, Klosterneuburg, Krems, Mödling, Schwechat, St. Pölten, Stockerau, Traiskirchen, Tulln, Wiener Neustadt
Gewässer:	**Flüsse:** Donau, Enns, Kamp, Krems, Leitha, Thaya, Ybbs
	Seen: Stausee Ottenstein, Erlaufsee, Lunzer See, Wienerwaldsee
Gebirge:	**Berge:** Ötscher, Rax, Schneeberg
	Übergänge: Semmering, Wechsel
Viertel:	Industrieviertel, Mostviertel, Waldviertel, Weinviertel
Regionen:	Alpenvorland, Bucklige Welt, Dunkelsteinerwald, Eisenwurzen, Marchfeld, Nibelungengau, Steinfeld, Strudengau, Tullnerfeld, Wachau, Wagram, Weinsberger Wald, Wienerwald, Wiener Becken

Oberösterreich	
Hauptstadt:	Linz
politische Bezirke:	Linz (Statutarstadt), Steyr (Statutarstadt), Wels (Statutarstadt), Braunau am Inn, Eferding, Freistadt, Gmunden, Grieskirchen, Kirchdorf an der Krems, Linz-Land, Perg, Ried im Innkreis, Rohrbach, Schärding, Steyr-Land, Urfahr-Umgebung, Vöcklabruck, Wels-Land
Städte:	Ansfelden, Bad Ischl, Braunau am Inn, Enns, Gmunden, Leonding, Linz, Marchtrenk, Ried im Innkreis, Steyr, Traun, Vöcklabruck, Wels
Gewässer:	**Flüsse:** Ager, Donau, Enns, Inn, Krems, Salzach, Steyr, Traun
	Seen: Attersee, Hallstätter See, Irrsee, Mondsee, Traunsee, Wolfgangsee
Landschaften:	**Berge:** Großer Priel, Hoher Dachstein
	Gebirge: Dachsteingebirge, Ennstaler Alpen, Höllengebirge, Salzkammergutberge, Sengsengebirge, Totes Gebirge
Viertel:	Hausruckviertel, Innviertel, Mühlviertel, Traunviertel

Salzburg	
Hauptstadt:	Salzburg
politische Bezirke/Gaue:	Salzburg (Statutarstadt), Hallein (Tennengau), Salzburg-Umgebung (Flachgau), St. Johann im Pongau (Pongau), Tamsweg (Lungau), Zell am See (Pinzgau)
Städte:	Bischofshofen, Hallein, Saalfelden am Steinernen Meer, Salzburg, Seekirchen am Wallersee, St. Johann im Pongau, Zell am See
Gewässer:	**Flüsse und Wasserfälle:** Krimmler Wasserfälle, Saalach, Salzach
	Seen: Fuschlsee, Mattsee, Wallersee, Wolfgangsee, Zeller See
Landschaften:	**Berge:** Großvenediger, Gaisberg
	Gebirge: Dachsteingebirge, Hohe Tauern, Niedere Tauern, Osterhorngruppe, Tennengebirge
	Täler: Felbertal, Gasteinertal, Habachtal, Krimmler Achental, Obersulzbachtal, Rauriser Tal
	Pässe: Gerlospass, Pass Lueg, Pass Strub, Pass Thurn
Regionen:	Salzburger Seengebiet, Salzkammergut, Oberpinzgau

Steiermark	
Hauptstadt:	Graz
politische Bezirke:	Graz (Statutarstadt), Bruck-Mürzzuschlag, Deutschlandsberg, Graz-Umgebung, Hartberg-Fürstenfeld, Leibnitz, Leoben, Liezen, Murau, Murtal, Südoststeiermark, Voitsberg, Weiz
Städte:	Bruck an der Mur, Feldbach, Graz, Kapfenberg, Leoben
Gewässer:	**Flüsse:** Enns, Feistritz, Mur, Mürz, Raab
	Seen: Altausseer See, Grundlsee, Toplitzsee
Landschaften:	**Berge:** Hochschwab, Hoher Dachstein
	Gebirge: Dachsteingebirge, Eisenerzer Alpen, Fischbacher Alpen Gesäuse, Gleinalpe, Gurktaler Alpen, Koralpe, Niedere Tauern, Seetaler Alpen, Stubalpe, Totes Gebirge
	Übergänge: Wechsel
	Täler: Ennstal, Murtal, Mürztal
Regionen:	Almenland, Eisenstraße, Eisenwurzen, Ennstal, Grazer Becken, Mittelsteiermark, Murtal, Mur-Mürz-Furche, Mürztal, Obersteiermark, Oststeirisches Hügelland, Salzkammergut, Südsteiermark, Weststeiermark

Tirol	
Hauptstadt:	Innsbruck
politische Bezirke:	Innsbruck (Statutarstadt), Imst, Innsbruck-Land, Kitzbühel, Kufstein, Landeck, Lienz, Reutte, Schwaz
Städte:	Hall in Tirol, Imst, Innsbruck, Kitzbühel, Kufstein, Landeck, Lienz, Schwaz, Wörgl
Gewässer:	**Flüsse:** Inn, Isel, Lech, Ötztaler Ache, Pitzbach, Sill, Ziller
	Seen: Achensee, Plansee
Landschaften:	**Berge:** Großglockner, Wildspitze, Wilder Kaiser
	Gebirge: Hohe Tauern, Kaisergebirge, Karwendel, Kitzbüheler Alpen, Lechtaler Alpen, Nordkette, Ötztaler Alpen, Samnaungruppe, Silvretta, Stubaier Alpen, Wettersteingebirge, Zillertaler Alpen
	Täler: Achental, Inntal, Iseltal, Lechtal, Pitztal, Ötztal, Stubaital, Wipptal, Zillertal
	Pässe: Arlbergpass, Brennerpass, Felber Tauern, Fernpass, Gerlospass, Lofer, Pass Thurn, Reschenpass, Timmelsjoch
Regionen:	Außerfern, Osttirol, Tiroler Oberland, Tiroler Unterland

Vorarlberg	
Hauptstadt:	Bregenz
Verwaltungsbezirke:	Bludenz, Bregenz, Dornbirn, Feldkirch
Städte:	Bludenz, Bregenz, Dornbirn, Feldkirch, Hohenems
Gewässer:	**Flüsse:** Neuer Rhein (Alpenrhein), Bregenzer Ach, Dornbirner Ach, Ill, Lech
	Seen: Bodensee, Lündersee
Landschaften:	**Berge:** Pfänder, Piz Buin, Schesaplana, die Rote Wand
	Gebirge: Silvretta, Rätikon, Verwallgruppe
	Täler: Brandnertal, Bregenzerwald, Großes Walsertal, Kleinwalsertal, Klostertal, Lechtal, Montafon, Laternsertal, Leiblachtal, Rheintal, Walgau
	Pässe: Arlberg, Bielerhöhe, Flexenpass

Wien		
Hauptstadt:	Wien	
Gemeindebe-zirke:	1. Innere Stadt	2. Leopoldstadt
	3. Landstraße	4. Wieden
	5. Margareten	6. Mariahilf
	7. Neubau	8. Josefstadt
	9. Alsergrund	10. Favoriten
	11. Simmering	12. Meidling
	13. Hietzing	14. Penzing
	15. Rudolfsheim-Fünfhaus	16. Ottakring
	17. Hernals	18. Währing
	19. Döbling	20. Brigittenau
	21. Floridsdorf	22. Donaustadt
	23. Liesing	
Flüsse:	Donau, Wienfluss (die Wien)	
Berge:	Hermannskogel, Kahlenberg, Hohe Warte (ZAMG Wetterstation), Küniglberg (Sitz des ORF)	
Landschaften:	Wienerwald, Marchfeld, Wiener Becken, Donauinsel	

Tab. 2: Kurzporträt der Bundesländer

Das rechtsstaatliche Prinzip wird in der Bundesverfassung nicht explizit genannt, sondern kann aus ihrer Gesamtheit abgeleitet werden. Die Rechtserzeugung und die Kontrolle der Rechtsmäßigkeit der Gesetze durch den Verfassungsgerichtshof sind in der Bundesverfassung geregelt. Ein weiteres wichtiges Merkmal des Rechtsstaates ist das Legalitätsprinzip, wonach jeder Verwaltungsakt und Richterspruch auf der Grundlage eines Gesetzes geschehen muss. Dadurch soll der Bürger vor staatlicher Willkür geschützt werden. Im B-VG wird das Legalitätsprinzip wie folgt beschrieben: „Die gesamte staatliche Verwaltung darf nur auf Grund der Gesetze ausgeübt werden".

rechtsstaatliches Prinzip

Das bedeutet aber auch, dass der Verwaltung in manchen Fällen die Hände gebunden sind. Um das strenge Legalitätsprinzip zu lockern, kann der Gesetzgeber unbestimmte Gesetzesbegriffe (z.B. *öffentliches Interesse*) wählen oder den Verwaltungsbehörden freies Ermessen einräumen, ohne diese zur Anwendung zu verpflichten.

unbestimmte Gesetzesbegriffe

unabhängige Richter Ein weiteres Kennzeichen des Rechtsstaates ist, dass Österreich über eine ordentliche Gerichtsbarkeit mit unabhängigen Richtern verfügt.

gewaltentrennendes Prinzip Das gewaltentrennende Prinzip besagt eine Aufteilung von Gesetzgebung, Verwaltung und Gerichtsbarkeit auf unterschiedliche staatliche Institutionen. Die Gewaltentrennung existiert in Österreich in organisatorischer Linie: Es gibt eigene Organe der Gesetzgebung, der Verwaltung und der Gerichtsbarkeit. Inhaltlich gesehen besteht jedoch eine Gewaltenverbindung, zum Beispiel hat die Regierung Einfluss auf die Gesetzgebung durch Regierungsvorlagen, das Parlament kontrolliert die Verwaltung und die Verwaltung die Gerichte.

Staatsorganisation Die Tabelle zeigt die Aufteilung der drei Gewalten auf die Ebenen Bund, Land und Gemeinde (nach Binder & Trauner, 2014, S. 129):

	DIE STAATSORGANISATION		
BUNDESPRÄSIDENT	**BUND** Staat	**LAND** Staat	**GEMEINDE** Selbstverwaltung
Gesetzgebung	Bundesparlament Nationalrat + Bundesrat	Landesparlament Landtag	–
Verwaltung	Bundesregierung Bundesverwaltungsorgane	Landesregierungen Landesverwaltungsorgane	Gemeinderat Gemeindeverwaltung
Gerichtsbarkeit	ordentliche Bundesgerichte Bundesverwaltungsgerichte VfGH	– Landesverwaltungsgerichte –	–

Tab. 3: Die Staatsorganisation

liberales Prinzip Die Grundrechte in Österreich sind ähnlich zersplittert wie die Bundesverfassung. Die wichtigsten Quellen sind das Staatsgrundgesetz über die allgemeinen Rechte der Staatsbürger (StGG), die Europäische Menschenrechtskonvention (EMRK) und die Europäische Grundrechtscharta (GRC). Des Weiteren finden sich Grundrechte in Bundesverfassungsgesetzen.

2.2.1.3 Neutralitätsgesetz und Landesverteidigung

Das Neutralitätsgesetz vom 26. Oktober 1955 ist ein Bundesverfassungsgesetz und kein Verfassungsprinzip. Im Moskauer Memorandum vom 15. April 1955 verpflichtete sich Österreich zur Neutralität, was grundlegend für die Wiedererlangung seiner Souveränität war (siehe auch *2.6.3. Der Staatsvertrag*). Der Staatsvertrag enthält allerdings keinen Passus zur Neutralität, da sich Österreich aus freien Stücken dazu bekannt hat.

Neutralitätsgesetz

Artikel I des Neutralitätsgesetzes besagt Folgendes:

(1) Zum Zwecke der dauernden Behauptung seiner Unabhängigkeit nach außen und zum Zwecke der Unverletzlichkeit seines Gebietes erklärt Österreich aus freien Stücken seine immerwährende Neutralität. Österreich wird diese mit allen ihm zu Gebote stehenden Mitteln aufrechterhalten und verteidigen.

Artikel I

(2) Österreich wird zur Sicherung dieser Zwecke in aller Zukunft keinen militärischen Bündnissen beitreten und die Errichtung militärischer Stützpunkte fremder Staaten auf seinem Gebiete nicht zulassen.

Die Auslegung der Neutralität Österreichs hat seither immer wieder für Diskussionen gesorgt. ÖVP-Politiker wie Josef Klaus strebten beispielsweise einen EWG-Beitritt an, während sich SPÖ-Politiker und die Sowjetunion mit Verweis auf die Unvereinbarkeit mit der Neutralität vehement dagegen aussprachen (siehe auch *2.6.4 Die kurzen sechziger Jahre*). In der Ära Bruno Kreisky wurde der Begriff der *aktiven Neutralitätspolitik* geschaffen. Jedoch verhielt sich Österreich in Bezug auf den Palästina-Konflikt nicht neutral und die Neutralität schützte das Land auch nicht vor terroristischen Anschlägen in den 1980ern (siehe *2.6.5 Die Ära Kreisky (1970-1983)*).

Auslegung der Neutralität

aktive Neutralitätspolitik

Österreichs Neutralität wurde immer wieder zu Gunsten der Solidarität eingeengt. Beispiele hierfür sind Überfluggenehmigungen während des Golfkrieges, die Mitgliedschaft des kollektiven Sicherheitsbündnisses der UNO, die Gemeinsame Außen- und Sicherheitspolitik der EU und die Teilnahme an der NATO-Partnerschaft für den Frieden (PfP). Deshalb spricht man heute von einer *Restneutralität.*

Restneutralität

umfassende Landesverteidigung

Im Bundesverfassungsgesetz bekennt sich Österreich zur umfassenden Landesverteidigung. Damit soll insbesondere die immerwährende Neutralität aufrechterhalten und verteidigt werden. In Österreich gilt die Wehrpflicht für männliche Staatsbürger. Es besteht auch die Möglichkeit eines Ersatzdienstes (Zivildienst). (Siehe auch *2.6.8 Österreich seit dem EU-Beitritt*, Absatz *Volksbefragung zur Wehrpflicht*)

2.2.2 Gesetzgebung

Parlament

Das österreichische Parlament besteht aus zwei Kammern, dem Nationalrat und dem Bundesrat, und hat seinen Sitz in Wien. Das Parlamentsgebäude, auch Parlament genannt, befindet sich an der Wiener Ringstraße. Die Parlamente auf Länderebene sind die Landtage.

2.2.2.1 Nationalrat

Rolle

Gesetzgebungsperiode

Tagungen

Der Nationalrat übt mit dem Bundesrat die Bundesgesetzgebung aus. Darüber hinaus hat er u. a. Kontrollrechte über die Arbeit der Regierung und wirkt bei der Willensbildung der EU mit. Der Nationalrat wird direkt vom Volk für eine Gesetzgebungsperiode von fünf Jahren gewählt. Eine vorzeitige Auflösung kann durch den Nationalrat selbst oder durch den Bundespräsidenten auf Vorschlag der Bundesregierung erfolgen. Die Tagungen finden zwischen Mitte September und Mitte Juli des darauffolgenden Jahres statt.

Wahlrechtsgrundsätze

Laut Bundes-Verfassungsgesetz wird der Nationalrat nach den Grundsätzen des Wahlrechts vom Bundesvolk gewählt. Demnach sind die Wahlen

- allgemein (alle österreichischen Staatsbürger, die das Wahlalter erreicht haben und nicht vom Wahlrecht ausgeschlossen sind),
- gleich (jede Stimme zählt gleich viel),
- unmittelbar (direkte Wahl ohne Wahlmänner),
- persönlich (jeder Wähler muss selbst wählen),

- frei (die Wähler entscheiden sich ohne Zwang oder Druck) und
- geheim (die Wahlentscheidung eines jeden Wählers geht niemanden etwas an; Wahlkabinen und Wahlurnen garantieren eine unbeobachtete Stimmenabgabe).

Das Wahlalter für das aktive Wahlrecht liegt bei 16 Jahren und für das passive Wahlrecht bei 18 Jahren. Es gilt der Grundsatz der Verhältniswahl, d.h. die Sitze im Nationalrat werden im Verhältnis des prozentuellen Stimmenanteils an die wahlwerbenden Parteien vergeben. Um in den Nationalrat einzuziehen, ist ein Anteil von vier Prozent oder ein Direkt- oder Grundmandat in einem Wahlkreis erforderlich. Auf dem amtlichen Stimmzettel ist eine wahlwerbende Partei anzukreuzen. Die Parteien müssen im Vorfeld eine Liste der Kandidaten einreichen, die dann mittels Vorzugsstimme gewählt werden können. Erreicht ein Kandidat genügend Vorzugsstimmen, wird er innerhalb seiner Partei bei der Mandatsverteilung vorgerückt.

Wahlalter

Verhältniswahl

Vorzugsstimmen

Der Nationalrat besteht aus 183 Abgeordneten. Hinsichtlich der Rechtsstellung der Abgeordneten zum Nationalrat gelten folgende Grundsätze:

Abgeordnete

- freies Mandat (Abgeordnete sind an keinen Auftrag gebunden und sollen sich am Gemeinwohl orientieren),
- berufliche Immunität (Abstimmungs- und Redefreiheit),
- außerberufliche Immunität (Schutz vor strafrechtlichen Verfolgungsmaßnahmen und Verurteilungen außerhalb der parlamentarischen Tätigkeit),
- Inkompatibilität (Unvereinbarkeit, d.h. keine gleichzeitige Ausübung von wirtschaftlichen Berufen oder anderen politischen Ämtern).

Rechtsstellung der Abgeordneten

Den Zusammenschluss von Abgeordneten einer wahlwerbenden Partei nennt man parlamentarischen Klub (z.B. Klub der SPÖ, Klub der ÖVP etc.). Zur Gründung benötigt man mindestens fünf Mitglieder. Das Pendant im österreichischen Bundesrat ist die Fraktion.

parlamentarische Klubs

Klubs haben mehr Rechte und Möglichkeiten als einzelne Abgeordnete, beispielsweise bei Anträgen und Anfragen an Regierungsmitglieder, bei der Verteilung der Redezeit, und sie erhalten eine Klubförderung. An ihrer Spitze steht ein Klubobmann oder eine Klubobfrau. Bei Abstimmungen versuchen Klubs in der Regel einheitlich aufzutreten, weshalb man von Klubdisziplin oder sogar von Klubzwang spricht. Tatsächlich gilt verfassungsrechtlich das freie Mandat.

Rechte der Klubs

Klubzwang

Aus seiner Mitte wählt der Nationalrat am Beginn einer Gesetzgebungsperiode den Präsidenten des Nationalrats, den zweiten Präsidenten und den dritten Präsidenten. Gemeinsam vertreten sie den Bundespräsidenten in bestimmten Fällen (siehe *2.2.3.1 Bundespräsident*, Absatz *Absetzung und Verhinderung*). Daher haben sie formal die zweithöchste Stellung im Staat. Der Nationalratspräsident vertritt den Nationalrat nach außen und leitet seine Geschäfte. Bei Sitzungen führt er abwechselnd mit seinen Stellvertretern den Vorsitz. Die Präsidialkonferenz des Nationalrats wird aus den Präsidenten und den Obleuten der parlamentarischen Klubs gebildet. Sie legt u. a. die Arbeitspläne des Nationalrats fest, koordiniert die Ausschüsse und fungiert als Schlichtungsstelle bei Konflikten hinsichtlich der Geschäftsordnung.

Präsident des Nationalrats

Präsidialkonferenz

An zwei oder drei Tagen im Monat finden die Plenarsitzungen statt, die grundsätzlich öffentlich sind. Sie beginnen mit einer Aktuellen Stunde oder einer Fragestunde und vier Mal pro Jahr wird eine Aktuelle Europastunde abgehalten. Die Vorberatung findet in Ausschüssen statt, entschieden wird schlussendlich im Plenum.

Plenarsitzungen

Ausschüsse

2.2.2.2 Bundesrat

Der Bundesrat wird auch als Länderkammer bezeichnet, weil er die Interessen der Bundesländer bei der Bundesgesetzgebung vertritt. Allerdings ist seine politische Bedeutung gering, weil er einerseits nur

Rolle

ein suspensives (aufschiebendes) Vetorecht gegen Gesetzesbeschlüsse des Nationalrats besitzt und andererseits dessen Mitglieder primär im Interesse der jeweiligen politischen Partei agieren.

Rechte

Ein absolutes Vetorecht besteht u. a. bei Verfassungsgesetzen oder Bestimmungen, die die Kompetenzen der Länder einschränken. Darüber hinaus kann der Bundesrat Gesetze vor dem Verfassungsgerichtshof anfechten und er hat ein Gesetzesinitiativrecht sowie parlamentarische Kontrollrechte (z.B. das Interpellationsrecht).

Wahl

Anzahl der Mandate

Legislaturperioden

Die Mitglieder werden nicht direkt gewählt, sondern von den Landtagen entsandt. Hierbei wird das Stärkeverhältnis der politischen Parteien im Landtag berücksichtigt. Die Zahl der Mandate pro Bundesland liegt zwischen drei und zwölf und richtet sich nach der jeweiligen Bürgerzahl. Die Gesamtzahl der Mitglieder des Bundesrates ist variabel und beläuft sich derzeit auf 61. Im Gegensatz zum Nationalrat kennt der Bundesrat keine Legislaturperioden, weil sich die Neubestellung der Mitglieder an den unterschiedlichen Funktionsperioden der Landtage orientieren.

Vorsitz

Der Präsident des Bundesrates wechselt halbjährlich und bildet mit seinen zwei Vizepräsidenten und den Vorsitzenden der Fraktionen die Präsidialkonferenz.

Plenarsitzungen

Ausschüsse

Die Plenarsitzungen des Bundesrates finden für gewöhnlich zwei Wochen nach einer Sitzungswoche des Nationalrates statt und sind öffentlich. Die Sitzordnung im Saal ist nach Fraktionen und nicht nach Ländern eingeteilt. Begonnen wird mit einer Aktuellen Stunde oder mit einer Fragestunde. Ausschüsse bereiten die Themen für die Beschlussfassung im Plenum vor. Hierbei gibt es zwei Arten: Fachausschüsse (z.B. Justizausschuss) und Ausschuss für spezifische parlamentarische Aufgaben (z.B. der EU-Ausschuss).

2.2.2.3 Bundesversammlung

Aufbau und Aufgaben

Die Bundesversammlung besteht aus den Mitgliedern des Nationalrates und des Bundesrates. Der Präsident des Nationalrats und der Präsident des Bundesrats führen abwechselnd den Vorsitz. Laut Bundes-Verfassungsgesetz hat sie fünf verschiedene Aufgaben zu erfüllen, die hauptsächlich den Bundespräsidenten betreffen. Die Angelobung eines neuen Bundespräsidenten findet vor der Bundesversammlung statt. Auf Antrag des Nationalrats kann sie auch eine Volksabstimmung zur Absetzung des Bundespräsidenten beschließen sowie eine behördliche Verfolgung des Bundespräsidenten genehmigen. Darüber hinaus tritt sie zur Entscheidung über eine Kriegserklärung zusammen.

2.2.2.4 Der Weg der Bundesgesetzgebung

Gesetzesvorschläge

Gesetzesvorschläge werden häufig in Form von Regierungsvorlagen (Gesetzesentwürfe der Bundesregierung) beim Nationalrat eingebracht, aber auch die Mitglieder des Nationalrats, des Bundesrats und das Volk (Volksbegehren) haben ein Initiativrecht.

Lesungen

Das Verfahren besteht zunächst aus drei Lesungen im Nationalrat. Eine erste Lesung mit Beratung über den allgemeinen Inhalt kann abgehalten werden, ansonsten wird der Vorschlag gleich einem Ausschuss zugewiesen, der sich intensiv damit auseinandersetzt. Der Ausschussbericht bildet die Grundlage für die zweite Lesung, die aus General- und Spezialdebatte besteht. Abänderungen sind noch möglich und das zuständige Regierungsmitglied ist in der Regel anwesend. Die Abstimmung erfolgt durch Aufstehen (Zustimmung) oder Sitzenbleiben (Ablehnung), wobei man sich der Stimme nicht enthalten kann. In der dritten Lesung stimmt man über die Gesamtheit eines Gesetzesvorschlages ab.

Mehrheiten

Für einen Gesetzesbeschluss müssen mindestens ein Drittel der Abgeordneten anwesend sein, bei Bundesverfassungsgesetzen die Hälfte. Die einfache Mehrheit der abgegebenen Stimmen wird für den Beschluss einfacher Gesetze benötigt und die Zweidrittelmehrheit für Bundesverfassungsgesetze.

Der Gesetzesbeschluss wird an den Bundesrat weitergeleitet. Erhebt dieser binnen acht Wochen keinen Einspruch gegen den gesamten Gesetzesbeschluss, wird er dem Bundespräsidenten zur Beurkundung vorgelegt. Anschließend erfolgt die Gegenzeichnung des Bundeskanzlers und das Gesetz wird im Bundesgesetzblatt kundgemacht. Seit Anfang 2004 geschieht dies in elektronischer Form über das Rechtsinformationssystem des Bundes auf www.ris.bka.gv.at.

Gesetzesbeschluss

Bei einem Einspruch des Bundesrates gelangt das Gesetz erneut in den Nationalrat. Ein Veto des Bundesrates hat bei Gesetzen, die die Interessen der Länder nicht direkt betreffen, nur ein suspensives Veto. In diesem Fall kann der Nationalrat das Gesetz durch erneute Abstimmung bestätigen. Man spricht dann von einem Beharrungsbeschluss.

Veto des Bundesrates

2.2.2.5 Kontrollinstrumente des Parlaments

Der Nationalrat sowie auch der Bundesrat können die Amtsführung der Regierung überprüfen. Vor allem die Opposition nimmt dieses Recht in Anspruch. Im Rahmen des **Interpellationsrechts** (Fragerechts) kann das Parlament schriftliche Anfragen an die Bundesregierung oder einem Bundesminister richten, die innerhalb von zwei Monaten beantwortet werden müssen. Bei sogenannten dringlichen Anfragen an einen Bundesminister kann verlangt werden, dass dieser am selben Sitzungstag mündlich dazu Stellung bezieht.

Interpellationsrecht

Eine Plenarsitzung wird mit einer Aktuellen Stunde (Aussprache über aktuelle Themen der Bundesvollziehung) oder mit einer Fragestunde (mündliche Befragung eines Mitgliedes der Bundesregierung) eingeleitet.

Aktuelle Stunde, Fragestunde

Der Nationalrat, der Bundesrat und deren Ausschüsse können die Anwesenheit von Regierungsmitgliedern verlangen (**Zitationsrecht**). In der Regel ist dies nicht notwendig, da Regierungsmitglieder

Zitationsrecht

ohnedies zugegen sind, wenn über ihren Zuständigkeitsbereich debattiert wird. Eine Vertretung durch deren Staatssekretär ist möglich.

Resolutionsrecht

Das **Resolutionsrecht** räumt dem Parlament die Möglichkeit ein, rechtlich unverbindliche Wünsche über die Ausübung der Vollziehung an die Bundesregierung zu richten. Dies erfolgt mittels sogenannten Entschließungen.

Enqueterecht

Darüber hinaus verfügt der Nationalrat über das **Enqueterecht**, d.h. er kann mittels Mehrheitsbeschluss einen Untersuchungsausschuss zur Prüfung der Geschäftsführung der Bundesregierung einsetzen.

Misstrauensvotum

Dem Nationalrat steht auch ein **Misstrauensvotum** zu, wodurch der Bundesregierung oder einzelnen Bundesministern das Vertrauen entzogen werden kann.

Rechnungshof

Der Rechnungshof ist ein unabhängiges Hilfsorgan des Nationalrates und der Landtage. Er ist für die finanzielle Kontrolle der Staatswirtschaft auf allen Gebietskörperschaftsebenen zuständig. Der Rechnungshofpräsident wird vom Nationalrat auf zwölf Jahre gewählt.

Volksanwaltschaft

Die Volksanwaltschaft ist ebenfalls ein unabhängiges Hilfsorgan des Nationalrates und kann als Mittlerin zwischen Bürgern und Behörden gesehen werden. Sie ist die Anlaufstelle für Beschwerden, kann allerdings auch von Amts wegen tätig werden, wenn sie Grund zur Annahme von Missständen in der Verwaltung hat. Der Nationalrat wählt auf sechs Jahre die drei Volksanwälte, aus denen sie besteht.

2.2.2.6 Instrumente der direkten Demokratie

In Österreich kann sich das Volk auf der Ebene des Bundesverfassungsrechts durch folgende drei Instrumente direkt an der Demokratie beteiligen.

Volksbegehren

Das Volksbegehren gibt dem Volk die Möglichkeit, ein Gesetzgebungsverfahren zu initiieren. Dafür müssen 100.000 Stimmberechtigte oder je ein Sechstel der Stimmberechtigten dreier Länder den gestellten Antrag unterstützen. Es kann sich um einen konkreten Gesetzesvorschlag oder um eine genaue Beschreibung des Anliegens handeln. Der Nationalrat ist allerdings nicht zur Erlassung eines Gesetzes verpflichtet.

Der Nationalrat kann beschließen, einfache Gesetze und Verfassungsgesetze dem Volk zur Abstimmung vorzulegen. Bei gesamtändernden Verfassungsgesetzen ist ein Referendum obligatorisch. Die Frage ist mit *Ja* oder *Nein* zu beantworten und das Ergebnis ist rechtlich bindend. Bisher wurde von einer Volksabstimmung erst zweimal Gebrauch gemacht. Die Volksabstimmung über den EU-Beitritt Österreichs von 1994 war obligatorisch und jene über die Inbetriebnahme des Atomkraftwerk Zwentendorf von 1978 fakultativ.

Volksabstimmung

Die Volksbefragung dient dazu, vor der Beschlussfassung eines Gesetzes die Meinung der Bürger zu einem Thema mit gesamtösterreichischer Bedeutung einzuholen. Anträge auf Volksbefragungen können vom Nationalrat oder von der Bundesregierung gestellt werden. Konkret handelt es sich entweder um eine Ja-Nein-Frage oder um zwei alternative Lösungsvorschläge. Das Ergebnis ist rechtlich jedoch nicht bindend. Die erste Volksbefragung fand im Januar 2013 statt (siehe *2.6.8 Österreich seit dem EU-Beitritt*, Absatz *Volksbefragung zur Wehrpflicht*).

Volksbefragung

2.2.2.7 Gesetzgebung der Länder

Die Gesetzgebung in den Bundesländern wird von den Landtagen übernommen, die aus nur jeweils einer Kammer bestehen. Der Landtagspräsident steht an der Spitze eines Landtags und wird von den Landtagsabgeordneten gewählt. Die Gesetzgebungsperiode beträgt in der Regel fünf Jahre, in Oberösterreich sind es sechs. Die Aufgaben des Landtags sind die Gesetzgebung und die Kontrolle der Landesregierung (siehe *2.2.3.3 Landesverwaltung*). Das Bundesverfassungsgesetz schränkt die Landesverfassung jedoch ein, um eine Homogenität der Gesetzgebung zu gewährleisten.

Landtage

2.2.3 Verwaltung

oberste Organe

Der Verwaltungsapparat ist hierarchisch aufgebaut und komplex. Die obersten Organe sind der Bundespräsident, die Bundesregierung und die einzelnen Bundesminister. Sie sind weisungsfrei. Die nachgeordneten Verwaltungsbehörden sind in der Regel an die Weisungen der obersten Organe gebunden.

mittelbare und unmittelbare Bundesverwaltung

Zur Erledigung der Angelegenheiten der Bundesverwaltung bedient sich der Bund in der Regel der Landesbehörden (mittelbare Bundesverwaltung). Damit wird eine unwirtschaftliche Doppelgleisigkeit vermieden. In anderen Fällen verfügt der Bund über eigene Bundesbehörden (unmittelbare Bundesverwaltung). Wichtige Beispiele sind die Tätigkeit der Zoll- und Finanzbehörden, der Bereich der Sicherheitsverwaltung, die Organisation und Führung der Bundespolizei sowie die Schulverwaltung des Bundes.

Landes- und Selbstverwaltung

Zur Staatsverwaltung zählt auch die Landesverwaltung (siehe *2.2.3.3 Landesverwaltung*). Eine weitere Form der Verwaltung bildet die Selbstverwaltung, beispielsweise jene der Gemeinden (siehe *2.2.3.4 Selbstverwaltung*).

2.2.3.1 Bundespräsident

Rolle

Der Bundespräsident ist Österreichs Staatsoberhaupt und zählt zu den obersten Organen der Vollziehung. Er hat seinen Amtssitz in der Hofburg in Wien. Der Bundespräsident ist weisungsfrei und ihm ist die Präsidentschaftskanzlei zur Führung seiner Amtsgeschäfte unterstellt. Obwohl er nach außen hin eher repräsentativ wahrgenommen wird, verfügt der Bundespräsident über eine große Macht. Diese wird jedoch stark eingeschränkt, weil er in vielen Fällen nur auf Vorschlag der Bundesregierung tätig werden kann. Für die Ernennung des Bundeskanzlers und der einzelnen Bundesminister bedarf es keinem Vorschlag, weshalb der Bundespräsident theoretisch freie Hand hat. Bisher wurden aber nur zwei Minister im Jahr 2000 durch Bundespräsident Thomas Klestil abgelehnt.

Zu seinen Aufgaben und Befugnissen zählen die Vertretung der Republik Österreich nach außen, die Ernennung und Entlassung des Bundeskanzlers und der Mitglieder der Bundesregierung, die Auflösung des Nationalrats auf Antrag der Bundesregierung und die Beurkundung von Bundesgesetzen. Er hat das Recht, Einzelpersonen zu begnadigen, unehelich geborene Kinder für ehelich zu erklären sowie Berufstitel und Orden zu verleihen. Der Bundespräsident ist der Oberbefehlshaber des Bundesheers und hat im Notstandsfall ein Notverordnungsrecht.

Aufgaben und Befugnisse

Der Bundespräsident wird direkt vom Volk auf sechs Jahre gewählt. Das aktive Wahlrecht entspricht jenem des Nationalrats (siehe *2.2.2.1 Nationalrat*). Das passive Wahlrecht besitzen alle, die zum Nationalrat wählbar sind und das 35. Lebensjahr vollendet haben. Die Wiederwahl für die unmittelbar darauffolgende Amtszeit ist einmal möglich. Wenn im ersten Wahlgang keine absolute Mehrheit erreicht wird, findet eine Stichwahl zwischen den zwei stimmenstärksten Kandidaten statt.

Wahl und Amtszeit

Für eine Kandidatur sind mindestens 6.000 Unterstützungserklärungen (Unterschriften von Wahlberechtigten) erforderlich und es ist ein Beitrag zu den Kosten des Wahlverfahrens in Höhe von 3.600 Euro zu leisten.

Kandidatur

Die Angelobung des Bundespräsidenten erfolgt durch die Bundesversammlung. Laut Bundes-Verfassungsgesetz hat er folgendes Gelöbnis zu leisten:

Angelobung

Ich gelobe, dass ich die Verfassung und alle Gesetze der Republik getreulich beobachten und meine Pflicht nach bestem Wissen und Gewissen erfüllen werde.

Eine vorzeitige Absetzung ist mittels Volksabstimmung möglich. Ist der Bundespräsident kurzzeitig verhindert, übernimmt der Bundeskanzler seine Funktion. Bei einer Verhinderung von mehr als 20 Tagen oder bei dauernder Erledigung des Amtes treten der Präsident, der zweite Präsident und der dritte Präsident des Nationalrates bis zur Angelobung eines neuen Bundespräsidenten an seine Stelle.

Absetzung und Verhinderung

Bundespräsident	Parteizugehörigkeit	Amtszeit
Karl Renner (*1870, †1950 im Amt)	SPÖ	1945-1950
Theodor Körner (*1873, †1957 im Amt)	SPÖ	1951-1957
Adolf Schärf (*1890, †1965 im Amt)	SPÖ	1957-1965
Franz Jonas (*1899, †1974 im Amt)	SPÖ	1965-1974
Rudolf Kirchschläger (*1915, †2000)	parteilos	1974-1986
Kurt Waldheim (*1918, †2007)	ÖVP	1986-1992
Thomas Klestil (*1932, †2004 im Amt)	ÖVP	1992-2004
Heinz Fischer (*1938)	SPÖ (stellte seine Parteimitgliedschaft während seiner Amtszeit ruhend)	2004-2016
Alexander Van der Bellen (*1944)	GRÜNE (parteiunabhängige Kandidatur, stellte seine Parteimitgliedschaft während seiner Amtszeit ruhend)	2017-

Tab. 4: Bundespräsidenten der Republik Österreich seit 1945

2.2.3.2 Bundesregierung

Aufbau und Rolle

Die Bundesregierung besteht aus dem Bundeskanzler, dem Vizekanzler und den übrigen Bundesministern. Sie ist mit den obersten Verwaltungsgeschäften des Bundes betraut und weisungsfrei.

Regierungsbildung

Die Funktionsperiode ist nicht festgelegt, jedoch wird eine neue Bundesregierung in der Regel nach einer Nationalratswahl gebildet. Der Bundespräsident beauftragt den Chef der stimmenstärksten Partei zur Bildung einer Regierung. Je nach Wahlausgang kann eine Alleinregierung, eine Große Koalition, eine Kleine Koalition oder eine Minderheitsregierung gebildet werden. Die Unterstützung des Nationalrates ist hierbei zu berücksichtigen.

Unvereinbarkeit

Den Mitgliedern der Bundesregierung ist es untersagt, gleichzeitig eine leitende Funktion in der Wirtschaft oder einen wirtschaftlichen Beruf auszuüben. Sie dürfen auch nicht Bundespräsident, Präsident des Rechnungshofes oder Mitglied eines Höchstgerichts sein.

Ministerrat

Als Kollegialorgan tritt die Bundesregierung in der Form des Ministerrates einmal pro Woche zusammen und trifft ihre Beschlüsse einstimmig. Im Vorfeld wird in fraktionellen Ministerratsvorbesprechungen die Parteilinie festgelegt, weshalb die eigentliche

Ministerratssitzung von kurzer Dauer ist. Die Sitzungen sind nicht öffentlich, jedoch wird im Anschluss die Öffentlichkeit informiert.

Aufgaben des Ministerrates

Zu den wichtigsten Aufgaben des Ministerrates zählen die Einbringung von Regierungsvorlagen und von Einsprüchen gegen Gesetzesbeschlüsse von Landtagen. Darüber hinaus kann sie wichtige Verordnungen erlassen.

2.2.3.2.1 Bundeskanzler

Rolle

Ernennung

Der Bundeskanzler hat zwar den Vorsitz der Bundesregierung inne, jedoch ist er *primus inter pares*, d.h. den anderen Regierungsmitgliedern nicht übergeordnet. Er wird vom Bundespräsidenten ernannt, wobei dieser verfassungsrechtlich an keinen Vorschlag gebunden ist. In der politischen Praxis ernennt er aber die Person, auf die sich die Parteien geeinigt haben. Die Bundesminister werden auf Vorschlag des Bundeskanzlers vom Bundespräsidenten angelobt. Danach erfolgt die Vorstellung der Bundesregierung beim Nationalrat.

Aufgaben

Amtszeit

Als Vorsitzender des Ministerrates koordiniert er die Regierungsarbeit formal und leitet Regierungsvorlagen an das Nationalratspräsidium weiter. Eine weitere Aufgabe ist die Gegenzeichnung der vom Bundespräsidenten beurkundeten Gesetze. Im Gegensatz zum Bundespräsidenten kann der Bundeskanzler zeitlich unbeschränkt wiederernannt werden.

Bundeskanzler	Kabinett	Regierung[2]	Amtszeit
Karl Renner (Staatskanzler)	Provisorische Staatsregierung	SPÖ-ÖVP-KPÖ	27.04.1945-20.12.1945
Leopold Figl (ÖVP)	Figl I	SPÖ-ÖVP-KPÖ (KPÖ bis 24.11.1947)	20.12.1945-08.11.1949
	Figl II	ÖVP-SPÖ	08.11.1949-28.10.1952
	Figl III	ÖVP-SPÖ	28.10.1952-02.04.1953

[2] Parteien: BZÖ: Bündnis Zukunft Österreich, FPÖ: Freiheitliche Partei Österreichs, KPÖ: Kommunistische Partei Österreichs, ÖVP: Österreichische Volkspartei, SPÖ: Sozialdemokratische Partei Österreichs (seit 15. Juni 1991) und vormals Sozialistische Partei Österreichs (1945-1991)

Julius Raab (ÖVP)	Raab I	ÖVP-SPÖ	02.04.1953-29.06.1956
	Raab II	ÖVP-SPÖ	29.06.1956-16.07.1959
	Raab III	ÖVP-SPÖ	16.07.1959-03.11.1960
	Raab IV	ÖVP-SPÖ	03.11.1960-11.04.1961
Alfons Gorbach (ÖVP)	Gorbach I	ÖVP-SPÖ	11.04.1961-27.03.1963
	Gorbach II	ÖVP-SPÖ	27.03.1963-02.04.1964
Josef Klaus (ÖVP)	Klaus I	ÖVP-SPÖ	02.04.1964-19.04.1966
	Klaus II	ÖVP	19.04.1966-21.04.1970
Bruno Kreisky (SPÖ)	Kreisky I	SPÖ	21.04.1970-04.11.1971
	Kreisky II	SPÖ	04.11.1971-28.10.1975
	Kreisky III	SPÖ	28.10.1975-05.06.1979
	Kreisky IV	SPÖ	05.06.1979-24.05.1983
Fred Sinowatz (SPÖ)	Sinowatz I	SPÖ-FPÖ	24.05.1983-16.06.1986
Franz Vranitzky (SPÖ)	Vranitzky I	SPÖ-FPÖ	16.06.1986-21.01.1987
	Vranitzky II	SPÖ-ÖVP	21.01.1987-17.12.1990
	Vranitzky III	SPÖ-ÖVP	17.12.1990-29.11.1994
	Vranitzky IV	SPÖ-ÖVP	29.11.1994-12.03.1996
	Vranitzky V	SPÖ-ÖVP	12.03.1996-28.01.1997
Viktor Klima (SPÖ)	Klima I	SPÖ-ÖVP	28.01.1997-04.02.2000
Wolfgang Schüssel (ÖVP)	Schüssel I	ÖVP-FPÖ	04.02.2000-28.02.2003
	Schüssel II	ÖVP-FPÖ/BZÖ	28.02.2003-11.01.2007
Alfred Gusenbauer (SPÖ)	Gusenbauer I	SPÖ-ÖVP	11.01.2007-02.12.2008
Werner Faymann (SPÖ)	Faymann I	SPÖ-ÖVP	02.12.2008-16.12.2013
	Faymann II	SPÖ-ÖVP	16.12.2013-17.05.2016
Christian Kern (SPÖ)	Kern I	SPÖ-ÖVP	17.05.2016-

Tab. 5: Bundeskanzler und Bundesregierungen seit 1945

2.2.3.2.2 Bundesministerien

Bundes-minister

Die Bundesministerien stehen unter der Leitung eines Bundesministers, der für sein Ressort eigenverantwortlich ist. Es besteht die Möglichkeit, dass ein Bundesminister zwei Bundesministerien vorsteht oder dass ein Bundesminister kein eigenes Bundesministerium hat (Bundesminister ohne Portefeuille). Die Bundesministerien sind in Sektionen, Gruppen und Abteilungen untergliedert.

Auch der Bundeskanzler verfügt über ein Bundesministerium, das Bundeskanzleramt. Dem Vizekanzler, der den Bundeskanzler im Falle einer Verhinderung vertritt, ist ebenfalls ein Ressort unterstellt.

Bundes- und Vizekanzler

Darüber hinaus kann auch ein Bundesminister im Bundeskanzleramt, ein sogenannter Kanzleramtsminister, ernannt werden, der mit bestimmten Angelegenheiten des Bundeskanzleramts betraut ist. Derzeit ist es der Bundesminister für Kunst und Kultur, Verfassung und Medien. Die weisungsgebundenen Staatssekretäre unterstützen die einzelnen Bundesminister, denen sie unterstellt sind, und können diese auch im Parlament vertreten.

Kanzleramtsminister

Staatssekretäre

Das Bundesministeriengesetz regelt die Zahl der Bundesministerien, ihren Wirkungsbereich und ihre Einrichtung. Demnach sind es derzeit folgende 13 Bundesministerien:

Übersicht der Ministerien

- das Bundeskanzleramt,
- das Bundesministerium für Europa, Integration und Äußeres,
- das Bundesministerium für Arbeit, Soziales und Konsumentenschutz,
- das Bundesministerium für Bildung,
- das Bundesministerium für Familien und Jugend,
- das Bundesministerium für Finanzen,
- das Bundesministerium für Gesundheit und Frauen,
- das Bundesministerium für Inneres,
- das Bundesministerium für Justiz,
- das Bundesministerium für Landesverteidigung und Sport,
- das Bundesministerium für Land- und Forstwirtschaft, Umwelt und Wasserwirtschaft,
- das Bundesministerium für Verkehr, Innovation und Technologie,
- das Bundesministerium für Wissenschaft, Forschung und Wirtschaft.

2.2.3.3 Landesverwaltung

Landesregierung

An oberster Stelle der Landesverwaltung steht die Landesregierung, die wie die Bundesregierung ein Kollegialorgan ist. Sie wird vom Landtag gewählt und setzt sich aus einem Landeshauptmann oder einer Landeshauptfrau, den Stellvertretern und den Landesräten zusammen. Vergleichbar mit einem Bundesminister hat auch ein Landesrat ein eigenes Ressort, das er monokratisch führt. Der Landeshauptmann hat den Vorsitz der Landesregierung inne und ist Vorstand des Amtes der Landesregierung sowie Vorgesetzter der Bezirkshauptleute.

Kontrolle durch Landtag

Auch auf Landesebene ist es möglich, dass der Landtag der Landesregierung oder deren Mitgliedern das Misstrauen ausspricht. Der Landtag verfügt auch über das Interpellations-, Resolutions- und Enqueterecht.

Amt der Landesregierung

Das Amt der Landesregierung ist mit einem einheitlichen *Ministerium* des Bundeslandes zu vergleichen. Es handelt sich um einen behördlichen Hilfsapparat der obersten Organe der Landesverwaltung.

2.2.3.4 Selbstverwaltung

Selbstverwaltungskörper

Der Staatsverwaltung (Bund und Länder) steht die Selbstverwaltung gegenüber. Die Verfassung sieht die Einrichtung von Selbstverwaltungskörpern vor, wodurch Personengruppen die Möglichkeit gegeben wird, gewisse öffentliche Angelegenheiten selbst zu verwalten. Historisch gesehen hat die Selbstverwaltung der Gemeinden den Weg für berufliche und andere Interessensvertretungen geebnet. Eine aktive Mitgestaltung seitens der Bürger steht im Vordergrund. Diese wird jedoch bei zunehmender Größe des Selbstverwaltungskörpers (z.B. große Städte oder Kammern) schwieriger.

Formen der Selbstverwaltung

Hinsichtlich der Typen der Selbstverwaltungskörper unterscheidet man zwischen territorialer Selbstverwaltung (Gemeinden) und personeller Selbstverwaltung (sonstige Selbstverwaltung). Letztere können folgende Erscheinungsformen annehmen: berufliche bzw. wirtschaftliche Selbstverwaltung (Kammern), soziale Selbstverwaltung (gesetzliche Sozialversicherung) sowie sonstige Interessensvertretungen und Zweckverbände (z.B. Österreichische Hochschülerinnen- und Hochschülerschaft, Tourismusverband).

Gemeinden sind Gebietskörperschaften mit dem Recht auf Selbstverwaltung und bilden die unterste territoriale Einheit. Im Gegensatz zu Bund und Land verfügen sie über keine gesetzgeberische Gewalt. Als selbstständige Wirtschaftskörper können sie Vermögen besitzen, erwerben und darüber verfügen, wirtschaftliche Unternehmungen betreiben und im Rahmen der Finanzverfassung ihren Haushalt selbständig führen und Abgaben ausschreiben.

Selbstverwaltung der Gemeinden

Die Organe einer Gemeinde sind der Gemeinderat, der Gemeindevorstand (in Städten Stadtrat und in Statutarstädten Stadtsenat) und der Bürgermeister. Der Gemeinderat ist eine Art „Gemeindeparlament" und der Gemeindevorstand eine „Gemeinderegierung". Zur Besorgung der Geschäfte benötigt jede Gemeinde ein Gemeindeamt (in Städten Stadtamt, in Statutarstädten Magistrat). Die Wahl des Gemeinderates erfolgt nach den gleichen Grundsätzen wie für die Wahl zum Nationalrat und Landtag. Der Bürgermeister wird je nach Landesverfassung von den Bürgern oder vom Gemeinderat gewählt.

Organe einer Gemeinde

Gemeinderatswahl

Die Gemeinden verfügen einerseits über einen eigenen Wirkungsbereich, der frei von Weisungen ist, z.B. Aufgaben der örtlichen Straßenpolizei und örtlichen Raumplanung. Andererseits kann der Bund oder das Land auch Aufgaben an die Gemeinden übertragen. In diesem Fall ist der Bürgermeister weisungsgebunden.

Weisungen

Für die Schaffung eines Selbstverwaltungskörpers bedarf es einer gesetzlichen Grundlage. Das Bundesverfassungsgesetz schreibt vor, dass es sich um eine öffentliche Aufgabe handeln muss und diese im Interesse einer bestimmten Personengruppe liegt. Wesentliche Merkmale von sonstigen Selbstverwaltungskörpern sind die Weisungsfreiheit im eigenen Wirkungsbereich und die eigenverantwortliche

sonstige Selbstverwaltung

Wahrnehmung gemeinsamer Aufgaben. Der Gesetzgeber hat allerdings ein staatliches Aufsichtsrecht. Die Organe eines Selbstverwaltungskörpers werden demokratisch aus dessen Mitte gewählt. Es gelten die Grundsätze der sparsamen und wirtschaftlichen Aufgabenbesorgung.

2.2.4 Gerichtsbarkeit

Gewaltentrennung

Im österreichischen politischen System ist die Gewaltentrennung nach Montesquieus nicht vollständig vollzogen, da zwischen der Gesetzgebung und Verwaltung Abhängigkeiten vorhanden sind. Die Gerichtsbarkeit ist allerdings von diesen beiden Gewalten getrennt. Merkmale dafür sind die Weisungsungebundenheit und die Unversetzbarkeit bzw. Unabsetzbarkeit der Richter. Im Gegensatz zu weisungsgebundenen Beamten haben Richter keine Vorgesetzte und sind nicht verpflichtet, sich an die Rechtsprechung höherer Instanzen zu halten. Der Bundespräsident ernennt neue Richter auf Vorschlag des Bundesministers für Justiz. Die Entscheidung, wer vorgeschlagen wird, treffen allerdings richterliche Personalsenate, weshalb man von einer Selbstrekrutierung spricht.

Grundsätze

Grundsätze der österreichischen Gerichtsbarkeit sind die Mündlichkeit und Öffentlichkeit des Verfahrens, das rechtliche Gehör, die freie Beweiswürdigung und die Mitwirkung des Volkes an der Rechtsprechung (z.B. in Form der Schöffen- und Geschworenengerichtsbarkeit).

Unterscheidung

Man unterscheidet prinzipiell zwischen ordentlicher Gerichtsbarkeit (Privat- und Strafrecht) und Gerichtsbarkeit des öffentlichen Rechts (Verfassungs- und Verwaltungsrecht).

2.2.4.1 Ordentliche Gerichtsbarkeit

Die ordentliche Gerichtsbarkeit untergliedert sich in vier Ebenen:

Bezirksgerichte (BG)	
Anzahl der BG:	116
Instanz:	erste Instanz
Zuständigkeiten:	• im Zivilrecht: bis zu einem Streitwert von 15.000 Euro oder für bestimmte Rechtssachen wie familien- und mietrechtliche Streitigkeiten (unabhängig vom Streitwert); • im Strafrecht: bei Vergehen, die nur mit einer Geldstrafe oder einjährigen Freiheitsstrafe bedroht sind; • Führung des Grundbuches;

Landesgerichte (LG)	
Anzahl der LG:	20
Instanz:	erste oder zweite Instanz
Zuständigkeiten:	• in erster Instanz für Zivil- und Strafsachen, die nicht in die Zuständigkeit der Bezirksgerichte fallen; • in zweiter Instanz als Rechtsmittelgericht (Rechtsmittel gegen Entscheidungen eines Bezirksgerichts); • Führung des Firmenbuches;
alternative Bezeichnung:	Gerichtshof erster Instanz

Oberlandesgerichte (OLG)	
Sitze der OLG:	• Wien (für Wien, Niederösterreich und Burgenland), • Graz (für Steiermark und Kärnten), • Linz (für Oberösterreich und Salzburg), • Innsbruck (für Tirol und Vorarlberg);
Instanz:	zweite Instanz
Zuständigkeiten:	Entscheidung über Rechtsmittel gegen Entscheidungen eines Landesgerichts in Zivil- und Strafsachen
alternative Bezeichnung:	Gerichtshof zweiter Instanz

Oberster Gerichtshof (OGH)	
Sitz:	Wien
Instanz:	zweite Instanz (Strafsachen) oder dritte Instanz (Zivilsachen)
Zuständigkeiten:	• oberste Instanz in Zivil- und Strafsachen (um Überlastungen zu vermeiden, gibt es Beschränkungen bei der Zulassung); • Wahrung der Rechtssicherheit; • Entscheidungen des OGH sind bei der Auslegung der Gesetze für untere Instanzen richtungsweisend, aber nicht bindend;
alternative Bezeichnung:	Höchstgericht (*Anmerkung*: auch der Verfassungsgerichtshof und der Verwaltungsgerichtshof werden als Höchstgerichte bezeichnet)

Tab. 6: Ordentliche Gerichtsbarkeit

andere Gerichte

In Wien bestehen außerdem ein eigenes Bezirksgericht für Handelssachen, ein Handelsgericht und ein Arbeits- und Sozialgericht. In den übrigen Bundesländern werden diese Aufgaben von den Bezirks- bzw. Landesgerichten je nach Zuständigkeit übernommen.

Bundessache

Die ordentliche Gerichtsbarkeit geht vom Bund aus und ist reine Bundessache. Daher sind beispielsweise auch Landesgerichte trotz ihres Namens Bundesgerichte. Urteile werden „im Namen der Republik" verkündet.

2.2.4.2 Gerichtsbarkeit des öffentlichen Rechts

VfGH und VwGH

Die Gerichtshöfe des öffentlichen Rechts in Österreich sind der Verfassungsgerichtshof und der Verwaltungsgerichtshof. Sie haben ihren Sitz in Wien, sind aber für ganz Österreich zuständig.

2.2.4.2.1 Österreichischer Verfassungsgerichtshof (VfGH)

Aufgabe und Kompetenzen

Die zentrale Aufgabe des Verfassungsgerichtshofes ist es, die Einhaltung der Verfassung zu kontrollieren und verfassungswidrige Bundes- oder Landesgesetze aufzuheben. Darüber hinaus verfügt er über weitere Kompetenzen, u. a. entscheidet er über Beschwerden gegen Erkenntnisse der Verwaltungsgerichte, die Rechtswidrigkeit von Staatsverträgen, Wahlanfechtungen (siehe *2.6.8 Österreich seit dem*

EU-Beitritt, Absatz *Bundespräsidentenwahl 2016*), die Gesetzwidrigkeit von Verordnungen, Streitigkeiten über die Zuständigkeit von Behörden (Kompetenzkonflikte) und Anklagen gegen Staatsorgane.

Aufbau und Organisation

Der Verfassungsgerichtshof setzt sich aus 14 Mitgliedern zusammen: einem Präsidenten, einem Vizepräsidenten und zwölf weiteren Verfassungsrichtern. Im Falle einer Verhinderung stehen sechs Ersatzmitglieder zur Verfügung. Alle Mitglieder werden vom Bundespräsidenten ernannt. Die Hälfte davon (sechs Verfassungsrichter und drei Ersatzmitglieder) werden von der Bundesregierung vorgeschlagen und die andere Hälfte von Nationalrat und Bundesrat. Bei der Auswahl wird darauf geachtet, dass die Mitglieder aus verschiedenen Regionen und Berufssparten kommen, z.B. Notare, Rechtsanwälte, Richter, Verwaltungsbeamte, Universitätsprofessoren. Der Abschluss des Studiums der Rechtswissenschaft zählt zu den Voraussetzungen. Die Mitglieder können ihren Beruf weiterhin ausüben (mit Ausnahme von Verwaltungsbeamten aufgrund der Unvereinbarkeit). Der Verfassungsgerichtshof tagt normalerweise vier Mal pro Jahr für drei Wochen (Sessionensystem). Grundlegende Entscheidungen werden im Plenum getroffen. Die Mitglieder sind an keine Weisungen gebunden, unabsetzbar und unversetzbar.

Verfahren

Für ein Verfahren vor dem Verfassungsgerichtshof muss ein Antrag (z.B. Beschwerde, Wahlanfechtung, Antrag im engeren Sinn) eingebracht werden, weil dieser nicht von sich aus tätig werden kann. Nachdem die Eingabe überprüft und zugelassen wurde, wird ein Erledigungsentwurf vorbereitet. Wenn eine weitere Klärung des Sachverhalts notwendig ist, ordnet der Präsident eine mündliche Verhandlung an, zu der alle beteiligten Parteien geladen werden. Es folgt eine nicht öffentliche Beratung. Die Entscheidung wird schriftlich verkündet, falls sie von großer Tragweite ist auch mündlich.

2.2.4.2.2 Österreichischer Verwaltungsgerichtshof (VwGH)

Funktion

Der Verwaltungsgerichtshof ist den Verwaltungsgerichten übergeordnet. Seit 1. Januar 2014 gibt es elf Verwaltungsgerichte (das Bundesverwaltungsgericht, das Bundesfinanzgericht und ein Landesverwaltungsgericht pro Bundesland). Betroffene können sich mittels Revision an den Verwaltungsgerichtshof wenden, d.h. sie wollen eine Entscheidung (ein Erkenntnis oder einen Beschluss) eines Verwaltungsgerichtes bekämpfen. Der Verwaltungsgerichtshof kann auch angerufen werden, wenn Verwaltungsgerichte mit deren Entscheidung säumig sind oder Kompetenzstreitigkeiten vorliegen.

Aufbau und Organisation

Der Verwaltungsgerichtshof besteht aus einem Präsidenten, einem Vizepräsidenten und derzeit 13 Senatspräsidenten sowie 53 Hofräten. Die Entscheidungen werden in Senaten (in der Regel fünf Richter) getroffen. Der Bundespräsident ernennt die Richter auf Vorschlag der Bundesregierung. Voraussetzung ist u. a. ein abgeschlossenes rechtswissenschaftliches Studium. Für sie gelten ebenfalls die Grundsätze der Weisungsungebundenheit, Unver- und Unabsetzbarkeit.

Verfahren

Um ein Verfahren einzuleiten, wird ein Antrag an das zuständige Verwaltungsgericht des Bundes oder Landes gestellt, welches den Antrag an den Verwaltungsgerichtshof weiterleitet. Der Antrag wird einem Senat zugwiesen und einem Senatsmitglied (Berichter) zur Überprüfung gegeben. Er arbeitet einen Erledigungsvorschlag aus und übermittelt diesen samt Akt dem zuständigen Senat, der darüber abstimmt. Die Entscheidungen werden den Parteien schriftlich zugestellt. In manchen Fällen kann es auch zu öffentlichen Verhandlungen kommen.

2.2.5 Parteien

Man kann prinzipiell zwischen politischen Parteien und wahlwerbenden Parteien unterscheiden. Politische Parteien sind ein „Zusammenschluss von Personen mit weitgehend übereinstimmenden Vorstellungen über die Gestaltung eines Gemeinwesens (Staat, Gemeinde)". Die Gründung einer politischen Partei ist frei, sofern nicht gegen die Bundesverfassung verstoßen wird. Man benötigt dazu eine Satzung, die veröffentlicht und beim Bundesministerium für Inneres hinterlegt werden muss. Anfang 2016 betrug die Anzahl der politischen Parteien über 1.000.

politische Parteien

Eine wahlwerbende Partei hingegen ist eine „Wählergruppe, die bei einer Wahl kandidiert und einen Wahlvorschlag (Liste von KandidatInnen) erstattet". Die rechtliche Grundlage bilden das Parteiengesetz 2012 und das Parteien-Fördergesetz 2012.

wahlwerbende Parteien

Die Parteien finanzieren sich einerseits durch Spenden und Mitgliedsbeiträge und andererseits durch öffentliche Fördermittel. Im Jahr 2014 betrug der Aufwand für die Förderung politischer Parteien rund 42,7 Millionen Euro.

Parteien-finanzierung

Über den jährlichen Grundbetrag von 218.000 Euro hinaus erhält jede politische Partei, die im Nationalrat mit mindestens fünf Abgeordneten vertreten ist, Fördermittel im Verhältnis zu den erzielten Stimmen bei der letzten Nationalratswahl. Zur Berechnung der Fördermittel auf Bundesebene wird die Zahl der Wahlberechtigten mit 4,60 Euro multipliziert. Auch Parteien, die nicht im Nationalrat vertreten sind, aber mehr als ein Prozent der Stimmen erhalten, bekommen im Wahljahr eine Förderung in der Höhe von 2,50 Euro pro erzielter Stimme.

Fördermittel

Wahlwerbungskosten werden nicht gesondert erstattet und dürfen pro Partei nicht höher als sieben Millionen Euro zwischen Stichtag und Wahltag sein. Spenden über 50.000 Euro müssen dem Rechnungshof sofort gemeldet werden, bei einem Betrag von über 3.500 Euro jährlich ist der Spender mit Name und Adresse auszuweisen.

Kosten der Wahlwerbung

Spenden

Anonyme Spenden über 1.000 Euro dürfen nicht angenommen werden. Jede Partei muss jährlich einen Rechenschaftsbericht über die Einnahmen und Ausgaben veröffentlichen. Dieser wird von Wirtschaftsprüfern kontrolliert.

Parteien-organisation

Da das Parteiengesetz 2012 keine Regelungen zur innerparteilichen Organisation vorsieht, haben die Parteien einen gewissen Spielraum. Die Strukturen werden in der Satzung der Partei festgelegt. Darin finden sich auch Quotenbestimmungen zum Frauenanteil. Eine sprachliche Besonderheit ist, dass gewisse Bezeichnungen für Gremien von Partei zu Partei variieren, z.B. auch jene für den Parteichef (siehe jeweilige Partei).

Wandel im Parteien-system

Zwischen 1945 bis in die 1980er-Jahre war das Zweiparteiensystem charakteristisch für Österreich. Es wurde von den zwei Großparteien SPÖ und ÖVP gebildet. Daneben waren noch eine bzw. später zwei Kleinparteien vertreten (die KPÖ bis 1959, der Verband der Unabhängigen von 1949-1957 und die FPÖ ab 1957). Die FPÖ spielte eine wichtige Rolle bei der Erlangung einer Mehrheit der Großparteien. Dadurch entwickelte sich das Parteiensystem in ein Zweieinhalb-Parteiensystem. Zu dessen Stabilität trug ein ausgeprägtes Kooperations- und Konsensverhalten sowie die Zusammenarbeit mit den Sozialpartnern bei. Mit dem Einzug der *Grünen* in den Nationalrat entstand ein Mehrparteiensystem. Zwischen 1993 und 1999 waren mit dem *Liberalen Forum* fünf Parteien im Nationalrat vertreten. Durch den Zuwachs an Parteien im Parlament ist eine Verschiebung der Parteistärke verbunden.

Mandate 2006, 2008, 2013

Bei den Nationalratswahlen 2008 verlor die SPÖ elf Mandate (von 68 auf 57), die ÖVP fünfzehn (von 66 auf 51) und die GRÜNEN ein Mandat (von 21 auf 20) gegenüber den Nationalratswahlen 2006. Die FPÖ und das BZÖ gewannen hingegen dreizehn bzw. vierzehn Mandate dazu (von 21 auf 34 bzw. von 7 auf 21). Bei den Nationalratswahlen 2013 hielten sich die Verluste der Großparteien in Grenzen. Es kamen zwei neue Parteien hinzu. Die Mandatsverteilung war wie folgt: SPÖ 52, ÖVP 47, FPÖ 40, GRÜNE 24, Team Frank Stronach 11, NEOS 9.

Derzeit sind sechs parlamentarische Klubs im Nationalrat vertreten: SPÖ (52 Mandate), ÖVP (51 Mandate), FPÖ (38 Mandate), GRÜNE (24 Mandate), NEOS (8 Mandate), STRONACH (6 Mandate). Darüber hinaus gibt es weitere vier Mandate ohne Klubzugehörigkeit.

parlamentarische Klubs im Nationalrat

Im Jahre 1889 wurde sie unter dem Namen *Sozialdemokratische Arbeiterpartei* gegründet und hieß zwischen 1918 und 1933 *Sozialdemokratische Arbeiterpartei Deutschösterreichs*. Zwischen 1933 und 1945 wurde sie verboten. Ihre Wiedergründung erfolgte im Jahr 1945 als *Sozialistische Partei Österreichs*. 1991 wurde sie in *Sozialdemokratische Partei Österreichs* umbenannt. Zwischen 1970 und 1983 regierte die SPÖ alleine (siehe *2.6.5 Die Ära Kreisky (1970-1983)*). Im Grundsatzprogramm der SPÖ bekennt sich die Partei zu den Werten Freiheit, Gleichheit, Gerechtigkeit und Solidarität. Sie strebt eine Gesellschaft ohne Klassengegensätze an. Zu ihren Aufgaben zählen der Kampf gegen die Arbeitslosigkeit und für eine humane Arbeitswelt. Die Parteifarbe ist Rot.

SPÖ

Bundesparteivorsitzende: Adolf Schärf (1945-1957), Bruno Pittermann (1957-1967), Bruno Kreisky (1967-1983), Fred Sinowatz (1983-1988), Franz Vranitzky (1988-1997), Viktor Klima (1997-2000), Alfred Gusenbauer (2000-2008), Werner Faymann (2008-2016), Christian Kern (seit 25. Juni 2016).

Bundesparteivorsitzende der SPÖ

Die Österreichische Volkspartei wurde im April 1945 gegründet und vertritt das bürgerlich moderat konservative Spektrum. Sie steht der Wirtschaft und der Kirche nahe. Traditionell sind die Stimmenanteile der ÖVP in ländlichen Regionen und in den westlichen Bundesländern hoch. Das Grundsatzprogramm 2015 beinhaltet Grundsätze wie „Der Staat ist für die Bürgerinnen und Bürger da. Und nicht umgekehrt." Des Weiteren wird das christlich-humanistische Menschenbild als Grundlage gesehen. Die ÖVP vertritt folgende Kernwerte: Freiheit, Verantwortung, Nachhaltigkeit, Leistung, Solidarität, Subsidiarität und Gerechtigkeit. Die Parteifarbe ist Schwarz.

ÖVP

Bundesparteiobmänner der ÖVP

Bundesparteiobmänner: Leopold Figl (1945-1953), Julius Raab (1953-1961), Alfons Gorbach (1961-1964), Josef Klaus (1964-1970), Hermann Withalm (1970-1972), Karl Schleinzer (1972-1975), Josef Taus (1975-1979), Alois Mock, (1979-1989), Josef Riegler (1989-1990), Erhard Busek (1990-1995), Wolfgang Schüssel (1995-2007), Wilhelm Molterer (2007-2008), Josef Pröll (2008-2011), Michael Spindelegger (2011-2014), Reinhold Mitterlehner (2014-2017), Sebastian Kurz (seit 14. Mai 2017 designierter Bundesparteiobmann).

FPÖ

Die *Freiheitliche Partei Österreichs* entstand im November 1955 aus dem *Verband der Unabhängigen* (VdU), dem viele ehemalige Nationalsozialisten angehörten. Seit 1956 ist die Partei im Nationalrat vertreten. Im Jahr 1983 ging die SPÖ mit der FPÖ eine Koalition ein und die FPÖ war zum ersten Mal an der Regierungsbildung beteiligt. Unter Parteiobmann Jörg Haider erfuhr die FPÖ einen Rechtsruck (siehe auch *2.6.7 Die Koalitionsregierungen 1983-1994*). Im Jahr 1993 spaltete sich die Partei aufgrund des Volksbegehrens *Österreich zuerst* und eine neue Partei, das *Liberale Forum*, wurde gegründet. Bei den Nationalratswahlen 1999 erzielte die FPÖ den zweiten Platz und ging mit der ÖVP eine Koalition ein, was zu nationalen und internationalen Protesten führte (siehe *2.6.8 Österreich seit dem EU-Beitritt*, Absatz *Maßnahmen der EU-14 gegen die schwarz-blaue Regierung*). Zu einer erneuten Spaltung kam es im April 2005 mit der Gründung des *Bündnis Zukunft Österreich* (BZÖ). Die FPÖ sieht sich als Vertreterin des *dritten Lagers*. Das derzeitige Parteiprogramm, das 2011 vom Bundesparteitag der FPÖ beschlossen wurde, heißt *Österreich zuerst*. Im Vordergrund stehen die Themen Freiheit, Sicherheit, Frieden und Wohlergehen für Österreich und seine Bevölkerung. Die Parteifarbe ist Blau.

Bundesparteiobleute der FPÖ

Bundesparteiobleute: Anton Reinthaller (1956-1958), Friedrich Peter (1958-1978), Alexander Götz (1978-1980), Norbert Steger (1980-1986), Jörg Haider (1986-2000), Susanne Riess-Passer (2000-2002), Mathias Reichhold (2002), Herbert Haupt (2002-2004), Ursula Haubner (2004-2005), Hilmar Kabas (2005), Heinz-Christian Strache (seit 2005).

Die Grünen – Die Grüne Alternative wurde 1986 gegründet. Die Grundwerte der Partei werden definiert als ökologisch, solidarisch, selbstbestimmt, basisdemokratisch, gewaltfrei, feministisch. Zur Vorgeschichte der Partei gehört die Umweltbewegung im Zuge der Volksabstimmung zur Inbetriebnahme des Atomkraftwerkes Zwentendorf im Jahr 1978 und des Donaukraftwerks Hainburg 1984. Der Einzug der Grünen in den Nationalrat gelang erstmals 1986. Die Parteifarbe ist Grün.

DIE GRÜNEN

Parteivorsitzende (ab 1992 Bundessprecher): Freda Meissner-Blau (1986-1988), Johannes Voggenhuber (1988-1992), Peter Pilz (1992-1994), Madeleine Petrovic (1994-1996), Christoph Chorherr (1996-1997), Alexander Van der Bellen (1997-2008), Eva Glawischnig (seit 2008).

Partei-vorsitzende/ Bundes-sprecher der GRÜNEN

Die Bundespartei *Team Stronach für Österreich* (kurz: *Team Stronach*) wurde im September 2012 durch den Milliardär Frank Stronach gegründet. Trotz seines Rückzuges im Februar 2014 bleibt er Parteiobmann. Die Partei sieht sich als weder *rechts* noch *links* und vertritt die Werte Wahrheit, Transparenz und Fairness. Bei den Nationalratswahlen 2013 zog die Partei mit elf Mandaten erstmals in den Nationalrat ein. Die Schwerpunktthemen der Partei sind ein ausgeglichenes Budget, ein einfacheres und faireres Steuersystem für die Bürger und eine Reduktion der öffentlichen Verwaltung. Die Parteifarbe ist Gelb. Parteiobmann ist Frank Stronach.

Team Stronach

Die Partei *NEOS – Das Neue Österreich* wurde Ende Oktober 2012 gegründet und ging im März 2013 mit dem *Liberalem Forum* (LIF) und den *Jungen Liberalen* (JuLis) ein Wahlbündnis ein. Bei den Nationalratswahlen 2013 erzielten die NEOS fünf Prozent und zogen mit neun Mandaten in den Nationalrat ein. Die Partei tritt für die Werte Eigenverantwortung, Nachhaltigkeit, Freiheitsliebe, Authentizität und Wertschätzung ein und ihre Programmschwerpunkte sind die Bildungswende (Schulautonomie), ein unternehmerisches Österreich (geringere Steuern), enkelfitte Sozialsysteme (u. a. Pensionsreform)

NEOS

und eine Demokratie-Innovation (Bürgerbeteiligung und Transparenz). Die Parteifarbe ist Pink. Vorstandsvorsitzender ist Matthias Strolz.

2.3 Interessenvertretungen

Interessens-vertretungen In Österreich vertreten Kammern und freie Verbände die Interessen der Arbeitnehmer und Arbeitgeber. Eine besondere Stellung nimmt die Sozialpartnerschaft ein.

Kammern Kammern sind Körperschaften öffentlichen Rechts. Die Mitgliedschaft ist per Gesetz vorgeschrieben, d.h. je nach Berufstätigkeit gehört man einer bestimmten Kammer an. Voraussetzung ist, dass die jeweilige Berufsgruppe in einer Kammer organisiert ist. Diese Pflichtmitgliedschaft hat jedoch immer wieder für Kritik gesorgt.

AK, WKO, LKO ***BUKO*** ***öffentliche Bedienstete*** In Österreich gibt es drei große Kammerorganisationen: die *Kammern für Arbeiter und Angestellte*, die *Wirtschafskammern* und die *Landwirtschaftskammern*. Sie sind sowohl auf Bundesebene als auch auf Landesebene vertreten. Neun Kammern freier Berufe sind in der *Bundeskonferenz der Freien Berufe Österreichs* (BUKO) zusammengefasst; sie zählt über 79.000 Mitglieder. Die öffentlichen Bediensteten sind als einzige große Berufsgruppe durch keine Kammer vertreten. Sie können jedoch dem *Österreichischen Gewerkschaftsbund* beitreten.

freie Verbände Die freien Verbände sind nicht in der Verfassung verankert. Die Mitgliedschaft ist nicht verpflichtend. Die zwei wichtigsten freien Wirtschaftsverbände sind der *Österreichische Gewerkschaftsbund* (ÖGB) und die *Vereinigung Österreichischer Industrieller* (VÖI).

Wirtschafts- und Sozial-partnerschaft Die Wirtschafts- und Sozialpartnerschaft (kurz Sozialpartnerschaft) wird als „System der wirtschafts- und sozialpolitischen Zusammenarbeit zwischen den Interessenverbänden der Arbeitgeber und Arbeitnehmer untereinander und mit der Regierung“ definiert. Die vier Sozialpartner sind die zwei Interessensverbände der Arbeitgeber, die *Wirtschaftskammer Österreich* (WKO) und die *Landwirtschaftskammer Österreich* (LKO), und die zwei Interessensverbände der Arbeitnehmer, die *Bundesarbeitskammer* (BAK) und der *Österreichische Gewerkschaftsbund* (ÖGB). Die Sozialpartnerschaft in heutiger Form wurde 1945 gegründet und bildete die Grundlage für den wirtschaftlichen Aufschwung. Im Mittelpunkt steht der Dialog und die Kompromissbereitschaft der vier Interessensorganisationen. Die Merkmale der Sozialpartnerschaft sind die demokratische Legitimation (die Organe der Sozialverbände werden regelmäßig durch freie und geheime Wahlen gewählt), die Selbstverwaltung der Kammern sowie die Freiwilligkeit hinsichtlich der Kooperation.

Aufgaben der Sozialpartner

Zu den Aufgaben der Sozialpartner gehören die Kollektivverträge und die duale Berufsbildung. Sie wirken auch bei Gesetzgebung, Verwaltung, Gerichtsbarkeit und in der Sozialpolitik mit. Darüber hinaus bringen sie bei Bedarf ihre besondere Expertise in den Bereichen des Arbeits- und Sozialrechts sowie des Gewerbe- und Familienrechts ein.

Kollektivverträge

Kollektivverträge sind überbetriebliche schriftliche Vereinbarungen zwischen Gewerkschaften und Arbeitgeberverbänden und gelten in der Regel für eine ganze Wirtschaftsbranche. Sie regeln wichtige Rechte und Pflichten von Arbeitsverhältnisses, z.B. Mindestlöhne, Urlaubs- und Weihnachtsgeld sowie Arbeitszeiten. Jährlich werden rund 450 der über 800 Kollektivverträge neu verhandelt. Dadurch erreichen die Gewerkschaften Lohn- bzw. Gehaltserhöhungen und weitere Vorteile für die Arbeitnehmer der jeweiligen Branchen. In Österreich gelten für rund 98 Prozent aller Arbeitnehmer Kollektivverträge.

2.4 Unternehmen

Begriffsdefinitionen

Das österreichische Unternehmensgesetzbuch definiert den Begriff *Unternehmen* als „auf Dauer angelegte Organisation selbständiger wirtschaftlicher Tätigkeit, mag sie auch nicht auf Gewinn gerichtet sein“. Abweichend zur Gemeinsprache wird im rechtlichen Sinn unter dem Begriff *Firma* „der in das Firmenbuch eingetragene Name eines Unternehmers, unter dem er seine Geschäfte betreibt und die Unterschrift abgibt" verstanden.

Rechtsformen

Hinsichtlich der Rechtsform eines Unternehmens unterscheidet man grob zwischen Einzelunternehmen und Gesellschaft. Die Gesellschaftsformen untergliedern sich wiederum in Personen- und Kapitalgesellschaften.

Einzelunternehmen

Die am häufigsten verwendete Rechtsform ist das Einzelunternehmen. Dessen Inhaber muss eine einzige natürliche Person sein. Der Unternehmer ist jedoch nicht gänzlich auf sich alleine gestellt, denn er kann Arbeitnehmer beschäftigen. Er führt das Unternehmen auf eigenen Namen und eigene Rechnung und haftet uneingeschränkt mit seinem gesamten Betriebs- und Privatvermögen. Die Gründung eines Einzelunternehmens erfolgt mittels Gewerbeanmeldung. Eine Eintragung im Firmenbuch ist erst bei Erreichung der Rechnungslegungspflicht erforderlich. In diesem Fall wird dem Firmennamen die Bezeichnung „eingetragener Unternehmer" oder die Abkürzung „e.U." beigefügt.

Personengesellschaften

Ein wesentliches Merkmal von Personengesellschaften ist ihr personenbezogener Aufbau. In den meisten Fällen haften die Gesellschafter persönlich und unbeschränkt. Zu den Personengesellschaften zählen die Offene Gesellschaft, die Kommanditgesellschaft und die Gesellschaft bürgerlichen Rechts.

OG

Die Offene Gesellschaft (OG) setzt sich aus mindestens zwei Gesellschaftern zusammen und wird mittels Gesellschaftsvertrag und Eintragung im Firmenbuch gegründet. Der Gesellschaftsvertrag kann schriftlich oder mündlich ohne Notar oder Rechtsanwalt geschlossen werden. Die Gesellschafter haften persönlich (mit ihrem Privatvermögen), unbeschränkt und solidarisch (gesamtschuldnerisch). Die OG selbst ist nicht einkommenssteuerpflichtig, d.h. jeder Gesellschafter wird anteilig mit der Einkommenssteuer belastet.

Die Kommanditgesellschaft (KG) ist eine Personengesellschaft, die Ähnlichkeiten zur Offenen Gesellschaft (OG) aufweist. Die KG besteht ebenfalls aus mindestens zwei Gesellschaftern, jedoch haftet nur der sogenannte Komplementär unbeschränkt. Die Haftung des Kommanditisten beschränkt sich auf seine Einlage, die im Firmenbuch zu vermerken ist. Zur Gründung benötigt man einen mündlichen oder schriftlichen Gesellschaftsvertrag, danach erfolgt die verpflichtende Eintragung ins Firmenbuch. In der Regel ist der Komplementär für die unternehmerischen Tätigkeiten und Entscheidungen zuständig und der Kommanditist für die Bereitstellung von finanziellen Mitteln.

KG

Die GmbH & Co KG ist eine Sonderform der Kommanditgesellschaft, bei der der Komplementär eine Kapitalgesellschaft (in diesem Fall eine GmbH) ist. Somit haftet keine natürliche Person unbeschränkt. Der Gesetzgeber hat jedoch reagiert und die GmbH & Co KG in einigen Punkten den Kapitalgesellschaften gleichgestellt.

GmbH & Co KG

Eine Gesellschaft bürgerlichen Rechts besteht aus mindestens zwei Gesellschaftern. Sie selbst hat keine Rechtspersönlichkeit und kann nicht ins Firmenbuch eingetragen werden. Der Gesellschaftsname muss so gewählt werden, dass daraus die Rechtsform abgeleitet werden kann. Die Gesellschafter verfolgen einen gemeinsamen Zweck mit oder ohne Gewinnabsichten. Die GesbR findet vor allem Anwendung bei Kleinunternehmern, Freiberuflern, land- und forstwirtschaftlichen Betrieben und Gelegenheitsgesellschaften (z.B. Arbeitsgemeinschaften in der Bauwirtschaft für ein Bauprojekt).

GesbR

Im Gegensatz zu den Personengesellschaften steht bei Kapitalgesellschaften das Kapital im Vordergrund, weshalb Gesellschafter in der Regel nicht mit ihrem Privatvermögen haften. Zu den Kapitalgesellschaften zählen die Gesellschaft mit beschränkter Haftung und die Aktiengesellschaft.

Kapitalgesellschaften

Die Gesellschaft mit beschränkter Haftung (GmbH) ist in Österreich die zweithäufigste Rechtsform. Aufgrund der Haftungsbeschränkung auf die Einlage ist das Risiko relativ gering, allerdings haften geschäftsführende Gesellschafter bei Fahrlässigkeit. Um handlungsfähig zu sein, benötigt sie mindestens einen Geschäftsführer. Der Gesellschaftsvertrag muss in Form eines Notariatsakts errichtet werden. Eine Eintragung der GmbH in das Firmenbuch ist verpflichtend. Im Gegensatz zur OG oder KG kann auch nur eine einzige Person eine GmbH gründen. Die Summe der Stammeinlagen eines jeden Gesellschafters wird als Stammkapital bezeichnet und muss insgesamt mindestens 35.000 Euro betragen. Seit März 2014 ist es möglich, ein Gründungsprivileg in Anspruch zu nehmen, d.h. in den ersten zehn Jahren kann die Stammeinlage mindestens 10.000 Euro betragen, wovon 5.000 Euro sofort einbezahlt werden müssen.

GmbH

Die Aktiengesellschaft (AG) ist eine juristische Person. Die Gesellschafter (Aktionäre) haften nicht persönlich für die Verbindlichkeiten der AG. Das Grundkapital ist in Aktien zerlegt. Zur Gründung bedarf es einer Satzung in Notariatsaktsform durch mindestens eine Person und der Eintragung im Firmenbuch. Das Grundkapital beträgt mindestens 70.000 Euro. Die Organe einer AG sind der Vorstand (führt die Geschäfte), der Aufsichtsrat (überwacht den Vorstand) und die Hauptversammlung.

AG

Die Wiener Börse wurde 1771 gegründet und zählt zu den ältesten Börsen der Welt. Sie ist die einzige Wertpapierbörse Österreichs und bietet neben dem Handel am Kassamarkt und dem Handel mit strukturierten Produkten auch Indexentwicklung und -management sowie finanzmarktspezifische Seminare und Lehrgänge an. Der wichtigste Index für Österreich ist der ATX (Austrian Traded Index), der die zwanzig größten börsennotierten Unternehmen des Landes umfasst.

Wiener Börse

Wirtschafts-sektoren

Heutzutage dominiert in Österreich der tertiäre Sektor (Dienstleistungen) mit rund 70 Prozent der Bruttowertschöpfung, gefolgt vom sekundären Sektor (Produktion) mit knapp 30 Prozent und vom primären Sektor (Forst- und Landwirtschaft) mit nur noch ca. 1,3 Prozent. Nichtsdestotrotz erfüllt die Forst- und Landwirtschaft in Österreich eine unverzichtbare Rolle hinsichtlich gesunder Ernährung, Landschaftspflege, Erhaltung der Kulturlandschaft und Energieerzeugung.

Kleine und mittlere Unternehmen (KMU) dominieren Österreichs Wirtschaft. Im Jahr 2014 betrug deren Anteil an allen heimischen Unternehmen der marktorientierten Wirtschaft 99,7 Prozent (knapp 330.000 Unternehmen). Die meisten davon sind Kleinstunternehmen mit weniger als zehn Beschäftigten. Der Anteil an Ein-Personen-Unternehmen lag im Jahr 2014 bei rund 37 Prozent.

KMU

2.5 Medien

2.5.1 Zeitungen

Tageszeitungen

Im Jahr 2016 gab es in Österreich 16 Tageszeitungen. Die Kaufzeitungen sind *DER STANDARD*, *Die Presse*, *Kleine Zeitung*, *Kronen Zeitung*, *Kurier*, *Neue Vorarlberger Tageszeitung*, *Neues Volksblatt*, *OÖNachrichten*, *Salzburger Nachrichten*, *Tiroler Tageszeitung*, *Vorarlberger Nachrichten*, *Wiener Zeitung*, *WirtschaftsBlatt*[3]. Die Gratiszeitungen sind *Heute*, *TT Kompakt* und *Österreich.*

Wochenzeitungen, Magazine

Darüber hinaus zählte man 253 Wochenzeitungen im Jahr 2015. Neben den Zeitungen gab es im selben Jahr 63 Magazine bzw. Illustrierte, die mindestens zehn Mal jährlich erschienen sind. Zu den Magazinen im Bereich Wirtschaft und Nachrichten gehören *Gewinn*, *News*, *profil* und *trend.*

DER STANDARD

Die Tageszeitung *DER STANDARD* wird von der *STANDARD Medien AG* veröffentlicht und existiert seit 1988. Die Blattlinie wird laut eigenen Angaben als liberal und unabhängig von politischen Parteien, Institutionen und Interessengruppen definiert. Man möchte

[3] Die Print-Ausgabe des *WirtschaftsBlatt* ist am 2. September 2016 zum letzten Mal erschienen.

die hohen Ansprüche der Leser mit einer fundierten Berichterstattung in den Bereichen Wirtschaft, Politik, Kultur und Gesellschaft erfüllen. *DER STANDARD*, dessen Erkennungsmerkmal das lachsfarbene Papier ist, spricht vorwiegend überdurchschnittlich hoch gebildete Leser an. Im Jahr 2016 erreichte *DER STANDARD* von montags bis freitags eine nationale Reichweite von 5,3 Prozent und samstags 6,4 Prozent.

Die Presse

Die Tageszeitung *Die Presse* wurde im Jahr 1848 gegründet und gehört heute zur *Styria Media Group AG*. Sie ist bürgerlich-liberal sowie unabhängig und sieht es als Pflicht an, den Leser so objektiv und umfangreich wie möglich zu informieren. *Die Presse* hatte im Jahr 2016 eine nationale Reichweite von 4 Prozent und *Die Presse am Sonntag* 4,6 Prozent.

Kleine Zeitung

Die *Kleine Zeitung* wurde 1904 gegründet und ist eine unabhängige Tageszeitung mit christlicher Weltanschauung. Sie ist Teil der *Styria Media Group AG* und verfügt über insgesamt 16 Regionalbüros in der Steiermark und in Kärnten. Die *Kleine Zeitung* informiert die Leser nicht nur über regionale und österreichweite Ereignisse, sondern auch über das Weltgeschehen. Mit einer nationalen Reichweite von 11,6 Prozent war sie im Jahr 2016 die zweitgrößte Kauf-Tageszeitung Österreichs. In Kärnten (mit Osttirol) und in der Steiermark erzielte die *Kleine Zeitung* 2016 eine Reichweite von 51,4 bzw. 51,6 Prozent und gilt als größte Zeitung im Süden des Landes.

Kronen Zeitung

Die Gründung der *Kronen Zeitung* geht auf das Jahr 1900 zurück. Heute heißt sie offiziell die *Neue Kronen Zeitung*, wird aber oft nur *Krone* genannt. Sie ist eine österreichische Boulevardzeitung, umfasst ca. 80 Seiten und hat eine färbige Aufmachung. Die Ausgaben variieren nach dem jeweiligen Bundesland. Für Druck, Verlag und Vertrieb ist die von der *Kronen Zeitung* mitgegründete *Mediaprint GmbH & Co KG* verantwortlich. Die grundlegende Richtung ist die „Vielfalt der Meinungen ihres Herausgebers und der Redakteure". Die *Kronen Zeitung* ist mit Abstand die größte Tageszeitung Österreichs; im Jahr 2016 erzielte sie eine nationale Reichweite von 30,5 Prozent.

Der *KURIER* ist der Nachfolger des *Wiener Kurier*, der 1945 gegründet und damals vom amerikanischen Informationsdienst in Österreich herausgegeben wurde. Der *KURIER* war mit der *Kronen Zeitung* an der Gründung der *Mediaprint GmbH* & *Co KG* im Jahr 1988 beteiligt. Der *KURIER* ist eine unabhängige, überregionale Tageszeitung, „die sich mit dem Ziel einer möglichst weiten Verbreitung an Leser aus allen Schichten der Bevölkerung wendet und diesen umfassende, objektive und rasche Information, kritische und profilierte Kommentierung und gehaltvolle Unterhaltung bietet". Die nationale Reichweite des *KURIER* lag 2016 bei 7,6 Prozent.

KURIER

Die *Wiener Zeitung* existiert seit 1703 und gilt damit als die älteste Zeitung der Welt. Eigentümer dieser überparteilichen Tageszeitung ist der Bund und daher wird sie von der Republik Österreich als zentrale Veröffentlichungsplattform genutzt. Über das Amtsblatt werden u. a. öffentliche Stellen ausgeschrieben und Kundmachungen, Firmenbuchänderungen sowie Bundesgesetzblätter veröffentlicht.

Wiener Zeitung

Das *WirtschaftsBlatt* erschien zum ersten Mal 1995 und ist eine politisch unabhängige, liberale österreichische Wirtschaftstageszeitung der *Styria Media Group AG*. Zielgruppe sind Unternehmer, die Finanz- und Bankenszene, Anwälte, Steuerberater und Consulter. Das Motto lautet *News to use* und die Blattlinie beinhaltet u. a. das Credo, „dass eine funktionierende Marktwirtschaft der sicherste Weg zu höherem Wohlstand in einer besseren Gesellschaft ist". Mit 2. September 2016 wurde die Printzeitung *WirtschaftsBlatt* aus ökonomischen Gründen eingestellt.

Wirtschafts-Blatt

2.5.2 Rundfunk

Ein Jahr nach Deutschland startete Österreich 1924 den ersten Radiorundfunk. Am 1. August 1955 wurde das erste Fernsehversuchsprogramm in Österreich gesendet, zwei Jahre später erfolgte die Gründung der *Österreichischen Rundfunk Gesellschaft mbH*. Infolge eines Volksbegehrens wurde das Rundfunkgesetz im Jahr 1966 unter Bun-

Entwicklung des Rundfunks

deskanzler Josef Klaus reformiert und der Programmauftrag gesetzlich geregelt. Generalintendant war Gerd Bacher. 1974 wurde das Rundfunkgesetz wiederum reformiert und die *Österreichische Rundfunk Gesellschaft mbH* zur öffentlich-rechtlichen Anstalt ORF. Durch ein Urteil des Europäischen Gerichtshofs für Menschenrechte im Jahr 1993 musste der ORF sein Sendemonopol aufgeben.

Privatsender

Erst 2001 wurde die gesetzliche Grundlage für terrestrische Privatsender geschaffen und 2003 empfingen die Österreicher den ersten privaten Sender *ATVplus* frei über die Hausantenne. Im Bereich des Privatfernsehens existieren neben österreichweiten Rundfunkveranstaltern wie *ATV*, *PULS 4*, *sixx Austria* und *ServusTV* auch einige regionale Veranstalter.

Marktanteile

Die Marktanteile des ORF und seiner stärksten Konkurrenten ergaben für das Jahr 2016 folgendes Bild: ORF mit 32,9 % (davon ORF eins mit 11,7 %, ORF 2 mit 21,2 %), RTL mit 4,7 %, PRO7 mit 4,6 %, SAT.1 mit 4,4 %, ZDF mit 4,2 %, VOX mit 3,9 %, ARD mit 3,2 %, PULS 4 mit 3,1 % Kabel 1 mit 2,6 %, ATV mit 2,5 %, Servus TV mit 1,8 % und ATV2 mit 0,6 % Marktanteil.

Der ORF

Rundfunkgebühren

Gemäß ORF-Gesetz ist der ORF heute eine Stiftung des öffentlichen Rechts mit Sitz in Wien. Der Versorgungsauftrag regelt, dass der ORF für drei österreichweite und neun bundeslandweite Hörfunkprogramme und zwei österreichweite Fernsehprogramme zu sorgen hat. Laut dem öffentlich-rechtlichen Kernauftrag soll die Allgemeinheit über alle wichtigen politischen, sozialen, wirtschaftlichen, kulturellen und sportlichen Fragen durch die Programme des ORF informiert werden. Der ORF finanziert sich etwa zur Hälfte durch Rundfunkgebühren, die durch dessen Tochterunternehmen, die GIS (Gebühren Info Service GmbH), eingehoben werden.

Die Fernsehprogramme des ORF sind *ORF eins* (Spielfilme, Fernsehserien, Sportübertragungen, Kabarettprogramme und Publikumsshows), *ORF 2* (vorwiegend Programme mit Österreichbezug), *ORF III – Kultur und Information* sowie *ORF Sport Plus*. Zu den Sendungen zählen die verschiedenen Ausgaben der Nachrichtensendung *Zeit im Bild* (ZIB), die Dokumentationssendung *Universum*, die Fernsehmagazine *Report* und *Thema*, das Wirtschaftsmagazin *Eco* sowie die Reportagereihe *Am Schauplatz*. Die Nachrichten der einzelnen Bundesländer werden täglich über *Bundesland heute* (z.B. *Wien heute*) ausgestrahlt.

Fernsehprogramme des ORF

Sendungen

Die Radioprogramme des ORF untergliedern sich in *Ö1* (Information, Kultur, Literatur, Wissenschaft, Religion und Musik), *ORF-Regionalradios* (Landesstudios senden eigene Programme), *Ö3* (Hitradio Ö3) und *FM4* (abseits des Mainstreams, Nachrichten und Moderation teilweise auf Englisch).

Radioprogramme des ORF

Seit 1997 verfügt der ORF auch über einen Online-Dienst und seit Ende 2009 können Sendungen bis zu sieben Tage nach Ausstrahlung über die *ORF TV-Thek* online abgerufen werden.

ORF TV-Thek

2.6 Überblick über Österreichs Geschichte ab 1945

2.6.1 Die Entstehung der Zweiten Republik

Karl Renner, erster Kanzler und letzter Nationalratspräsident der Ersten Republik (1918-1938), tritt Anfang April 1945 mit der sowjetischen Armee, die bereits bis zu seiner Heimatstadt Gloggnitz in Niederösterreich vorgedrungen ist, in Kontakt, um auf die Not der Bevölkerung aufmerksam zu machen und seine Dienste zum Wiederaufbau Österreichs anzubieten. Nach Gesprächen mit den Sowjets ersucht er Stalin in einem Brief, ihn mit der Errichtung der Zweiten Republik Österreich zu betrauen. Auf Stalins Befehl wird Renner zur Bildung einer neuen Regierung ermächtigt. Entgegen den Vorstellungen der Sowjets erarbeitet Renner selbständig und unabhängig ein Konzept zum Wiederaufbau der Republik.

Karl Renner

Proklamation der Wiederherstellung der Republik Österreich

Am 27. April 1945 unterzeichnen die Vertreter der drei neu gegründeten Parteien, der Sozialistischen Partei Österreichs (SPÖ), der Österreichischen Volkspartei (ÖVP) und der Kommunistischen Partei Österreichs (KPÖ), die *Proklamation der Wiederherstellung der Republik Österreich*, die auch die *Unabhängigkeitserklärung* enthält. Die neue provisorische Regierung (Konzentrationsregierung) wird unter Staatskanzler Karl Renner am selben Tag gebildet, aber anfangs von den Westmächten nicht anerkannt. Am 1. Mai 1945 tritt die Bundesverfassung von 1920 in der Fassung von 1929 wieder in Kraft.

Maßnahmen der Entnazifizierung

Mit dem Verbotsgesetz vom 8. Mai 1945 wird die NSDAP aufgelöst, die nationalsozialistische Wiederbetätigung verboten und die Registrierung aller Nationalsozialisten angeordnet. Im Rahmen der Entnazifizierung registriert man 537.000 Mitglieder der NSDAP. Volksgerichte werden eingerichtet und es kommt zu 13.607 Verurteilungen, davon 43 zum Tode. Nach der Amnestie für *Minderbelastete* von 1948 sinken die Fälle jedoch drastisch. Viele Österreicher sehen damals die heimischen Nationalsozialisten als Opfer der Deutschen an.

2.6.2 Die Besatzungszeit

Besatzungszonen

Im Juli 1945 wird Österreich in vier Besatzungszonen eingeteilt: Niederösterreich, das Burgenland und Oberösterreich nördlich der Donau gehören zur sowjetischen Zone, Salzburg und Oberösterreich südlich der Donau zur amerikanischen, die Steiermark und Kärnten zur britischen und Tirol und Vorarlberg zur französischen. Wien wird ebenfalls in vier Zonen geteilt, wobei der erste Bezirk von allen Besatzungsmächten gemeinsam verwaltet wird.

Ansprüche auf Deutsches Eigentum

Laut Beschluss der Dreimächtekonferenz in Potsdam, an der Josef Stalin, Winston Churchill und Harry S. Truman teilnehmen, muss Österreich keine Reparationen leisten, mit Ausnahme von Ansprüchen auf Deutsches Eigentum. Daraufhin nehmen die Sowjets u. a. die österreichischen Erdölfelder, die Donaudampfschifffahrtsgesellschaft und hunderte Industriebetriebe sowie land- und forstwirtschaftliche Betriebe in Beschlag; der Verbund dieser Betriebe wird *USIA* (Verwaltung sowjetischer Güter in Österreich) genannt.

Am 25. November 1945 erzielen die ersten freien Wahlen unter Ausschluss der ehemaligen Nationalsozialisten folgendes Ergebnis: 85 Mandate für die ÖVP, 76 für die SPÖ und 4 für die KPÖ. Im Dezember bilden die ÖVP und die SPÖ eine Große Koalition und Karl Renner wird von der Bundesversammlung zum Bundespräsidenten gewählt.

erste Wahlen

Im Dezember 1945 wird eine Währungsreform durchgeführt und der Schilling wird wieder zum Zahlungsmittel. Eine Reichsmark entspricht einem Schilling, pro Person dürfen maximal 150 Reichsmark umgetauscht werden.

Währungsreformen

In den Jahren 1945 und 1946 werden die Dachverbände der Sozialpartnerschaft gegründet.

Sozialpartner

Am 5. September 1946 unterzeichnen Österreichs Außenminister Karl Gruber und Italiens Ministerpräsident Alcide de Gasperi das Gruber-De-Gasperi-Abkommen zur Autonomie Südtirols. Die von Österreich beantragte Rückgabe des Pustertals wurde von den Außenministern der vier Mächte im Juni 1946 abgelehnt.

Gruber-De-Gasperi-Abkommen

1947 nimmt Österreich die amerikanische Marshall-Plan-Hilfe an und erhält in den darauffolgenden Jahren mehr als eine Milliarde Dollar. Aufgrund von starken Lohn- und Preissteigerungen wird 1947 eine weitere Währungsreform durchgeführt, bei der der Schilling um zwei Drittel abgewertet wird.

Marshall-Plan

2.6.3 Der Staatsvertrag

Der Entwurf eines Staatsvertrags liegt bereits nach den Londoner Verhandlungen Ende Februar 1947 vor. Aufgrund strittiger Punkte, vor allem die jugoslawischen Gebietsansprüche und das Deutsche Eigentum, aber auch aufgrund der Auswirkungen des Kalten Krieges

Entwurf

verzögert sich dessen Abschluss und die Verhandlungen werden immer wieder unterbrochen.

Auf Molotows Drängen im Februar 1955 wird der Staatsvertrag wieder zum Thema. Im April 1955 reist Bundeskanzler Julius Raab mit einer Delegation nach Moskau. Die Kernpunkte des Moskauer Memorandums sind Österreichs Neutralität nach dem Vorbild der Schweiz sowie Lieferungen von Erdöl an die UdSSR als Ablöse für die *USIA*-Betriebe und für das Erdöleigentum. Bei den letzten Änderungen am 14. Mai 1955 gelingt es Außenminister Leopold Figl, einen Passus über die Mitverantwortung Österreichs am Krieg zu streichen.

Moskauer Memorandum

Am 15. Mai 1955 wird der Staatsvertrag von den vier Außenministern der Großmächte und vom österreichischen Außenminister Leopold Figl im Schloss Belvedere feierlich unterzeichnet. Danach treten alle fünf Außenminister auf den Balkon und Figl hält den Staatsvertrag mit den Worten „Österreich ist frei!“ vor den jubelnden Menschenmassen in die Höhe.

„Österreich ist frei!“

Am 26. Oktober 1955 wird das Verfassungsgesetz über die immerwährende Neutralität Österreichs vom Nationalrat verabschiedet. Anfangs feiert man ihn als *Tag der Fahne*, seit 1965 ist der 26. Oktober Österreichs Nationalfeiertag (siehe auch *2.2.1.3 Neutralitätsgesetz und Landesverteidigung*).

Neutralitätsgesetz

Nach Ausbruch des ungarischen Volksaufstandes im Oktober 1956 flüchten rund 180.000 Ungarn nach Österreich. Den Flüchtlingen begegnet man einerseits mit Solidarität, andererseits werden sie auch als Nutznießer des Wohlfahrtsstaates gesehen. Der Großteil der Flüchtlinge wird auf andere Länder aufgeteilt, nur ca. 18.000 bleiben in Österreich.

ungarische Flüchtlinge

Vom 3. bis 4. Juni 1961 ist Wien Schauplatz des Gipfeltreffens zwischen US-Präsident John F. Kennedy und dem sowjetischen Ministerpräsidenten Nikita Chruschtschow. Obwohl die Lage zwischen Osten und Westen sehr angespannt ist, verläuft das Treffen friedlich. Ein nennenswertes Ergebnis bleibt allerdings aus. Das neutrale Österreich und Wien gewinnen durch den Gipfel weltweites Ansehen als Austragungsstätte internationaler Konferenzen.

Gipfeltreffen zwischen Kennedy und Chruschtschow in Wien

1961 unterzeichnet Otto Habsburg eine Loyalitätserklärung, um wieder nach Österreich einreisen zu dürfen. Laut dem Habsburger-Gesetz von 1919 obliegt es der Staatsregierung im Einvernehmen mit dem Hauptausschuss der Nationalversammlung über die Wiedereinreise eines Mitglieds des Hause Habsburg zu entscheiden. Aufgrund der Vorgeschichte und Otto Habsburgs politischer Absichten sowie seiner Forderung nach der Restitution des Habsburgervermögens lehnt die SPÖ eine Einreise vehement ab. Es kann keine Einigung erzielt werden. Otto Habsburg wendet sich an den Verfassungsgerichtshof und aufgrund dessen Unzuständigkeit anschließend an den Verwaltungsgerichtshof, welcher 1963 die Erklärung Habsburgs für ausreichend befindet. In der Folge entsteht eine heftige Debatte über die Gerichtsbarkeit und die Große Koalition stürzt in eine Krise. Erst unter der ÖVP-Alleinregierung und trotz des Wiederstandes der SPÖ wird Otto Habsburg ein österreichischer Reisepass ausgestellt und 1966 reist er erstmals ins Land ein.

Habsburger-Krise

2.6.4 Die kurzen sechziger Jahre

Mit dem beginnenden Wohlstand und dem Beginn der Konsumgesellschaft kommt es 1963/64 zu einem gesellschaftlichen Bruch und auf die *langen* fünfziger Jahre folgen die *kurzen* sechziger Jahre, die bis zur Wahl Bruno Kreiskys zum Bundeskanzler im Jahr 1970 dauern.

gesellschaftlicher Bruch

Bundeskanzler Josef Klaus verfolgt mit der *Aktion 20* einen modernen Ansatz, der mehr Sachlichkeit in der Politik und eine Zusammenarbeit zwischen Wissenschaft und Politik zum Ziel hat. Während der ÖVP-Alleinregierung werden zahlreiche Reformen beschlossen,

Aktion 20

Reformen

wie jene des Rundfunks aufgrund eines Volksbegehrens, im Bereich des Wohnbaus und der Lohn- und Einkommenssteuer sowie der Verstaatlichten Industrie. Im Februar 1968 wird die Todesstrafe abgeschafft und das neue Strafvollzugsgesetz von 1969 sieht bessere Bedingungen für die Häftlinge sowie eine Vorbereitung auf deren Leben in Freiheit vor.

Annäherung an die EWG

Bereits im Dezember 1961 stellte Österreich gemeinsam mit der Schweiz und Schweden einen Assoziierungsantrag an die EWG. Aufgrund Österreichs Neutralität, einem Veto Italiens wegen der Südtirolfrage und Bedenken Frankreichs erfolgt die Ablehnung. Jedoch werden während den Verhandlungsrunden zwischen 1965 und 1967 Teilerfolge erzielt. Die Alleinregierung Klaus legt dank ihrer Beharrlichkeit den Grundstein für eine Annäherung an die EWG.

Gastarbeiter

Das Raab-Olah-Abkommen vom Dezember 1961 erleichterte Ausländern bereits den Zugang zum österreichischen Arbeitsmarkt. Um die Zahl der Gastarbeiter zu erhöhen, wird 1964 mit der Türkei und 1966 mit Jugoslawien jeweils ein Abkommen geschlossen und in diesen Ländern aktiv um Arbeiter geworben. Anfangs sind es vorwiegend Saisonarbeiter mit meist niedrigem Bildungsstand. 1973 erreicht die Anzahl an Gastarbeitern mit knapp 230.000 (8,7 % aller Beschäftigten) ihren vorläufigen Höchststand und die positive Einstellung der Österreicher ihnen gegenüber kippt aufgrund der Erdölkrise. Kurzfristig kommt es zu einem Rückgang, langfristig gesehen steigt die Zahl aber aufgrund des Familiennachzugs.

Die Borodajkewycz-Affäre 1965

Taras Borodajkewycz, Professor für Wirtschaftsgeschichte an der Hochschule für Welthandel in Wien und ehemaliges Mitglied der NSDAP, ist seit Jahren für antisemitische Äußerungen während seiner Vorlesungen bekannt. 1965 kommt es zu Demonstrationen zwischen Anhängern und Gegnern des Professors. Bei Ausschreitungen wird der KZ-Überlebende Ernst Kirchweger von dem Burschenschafter und Mitglied des Rings freiheitlicher Studenten Günther Kümel niedergeschlagen und stirbt daraufhin. Dieser Vorfall erlangt internationale Aufmerksamkeit und führt zur Auseinandersetzung mit dem Tabuthema NS-Vergangenheit an Hochschulen.

Am 8. Juli 1966 wird das neue Rundfunkgesetz beschlossen. Damit wird eine parteiunabhängige Berichterstattung und eine grundlegende Umstrukturierung des Rundfunks ermöglicht. Bereits im Oktober 1964 wurde dazu ein Volksbegehren mit positivem Ausgang durchgeführt, jedoch hatte sich die SPÖ gegen die Reform gestellt.

Rundfunkgesetz

Österreich reagiert sehr zurückhaltend und zögerlich auf die Ereignisse des Prager Frühlings 1968. Die Regierung hatte die Situation offenbar im Vorfeld unterschätzt. Bundeskanzler Klaus versucht, in einer Rundfunkansprache die Bevölkerung zu beruhigen, dennoch breitet sich eine gewisse Verunsicherung aus. Eine Provokation der Sowjetunion soll vermieden werden, weshalb das Bundesheer den Befehl erhält, einen Sicherheitsabstand von ca. 30 Kilometern zur Grenze einzuhalten. Im Fall einer Besetzung würde die Regierung nach Westösterreich verlegt werden, wozu es aber nicht kommt.

Prager Frühling

1968 legt Finanzminister Stephan Koren sein Wirtschaftsprogramm (*Koren-Plan* oder auch *Paukenschlag* genannt) vor, mit dem das drohende Defizit verringert werden soll. Der Plan beinhaltet neben Einsparungen und Mehreinnahmen auch Maßnahmen zur Investitionsförderung sowie Verbesserungen der Infrastruktur und Förderungen der Forschung. Die Erhöhung der Alkohol- und Autosteuer führt zu Unmut unter der Bevölkerung, sodass die ÖVP trotz des Beginns einer massiven Hochkonjunktur Anfang 1969 bei den Regionalwahlen Stimmen verliert.

Koren-Plan

1969 wird das Südtirol-Paket vereinbart, jedoch wird der Streit erst 1992 beigelegt. Die italienische Unterdrückungspolitik gegenüber Südtirol, die jahrelange Unruhen und zahlreichen Anschläge zur Folge hatte, veranlasste Österreich 1960, den Fall vor die UNO zu bringen. Die Verhandlungen von 1961 zwischen Italien und Österreich endeten jedoch ohne Erfolg.

Südtirol-Paket

2.6.5 Die Ära Kreisky (1970-1983)

Minderheitsregierung der SPÖ

Im Wahlkampf von 1970 geht die SPÖ erstmals in der Geschichte als Wahlsieger hervor und bildet eine Minderheitsregierung unter Bundeskanzler Bruno Kreisky. Österreich bleibt unter sozialistischer Führung bis 1983. Bei einer Audienz von Bundespräsident Franz Jonas bei Papst Paul VI. im Jahr 1971 nennt der Papst Österreich eine *Insel der Seligen*. Diese Bezeichnung wird immer wieder aufgegriffen und ist auch heute noch geläufig.

Insel der Seligen

Innenpolitik

Austrokeynesianismus

Die Ära Kreisky ist von einer Politik des *Deficit Spending* gekennzeichnet – oder mit den Worten des Bundeskanzlers im Jahr 1975: „Mir sind ein paar Milliarden Schilling Schulden lieber als ein paar hunderttausend Arbeitslose". Die Wirtschaftspolitik des Finanzministers Hannes Androsch beinhaltet eine Hartwährungspolitik, bei der sich der Schilling an der D-Mark orientiert, sowie groß angelegte öffentliche Investitionen, was zu erheblichen Budgetdefiziten führt.

Reformen unter Justizminister Christian Broda

Nennenswerte Reformen unter Justizminister Christian Broda, der während der Großen Koalition (1960-1966) dieses Amt schon einmal bekleidete, sind die Familien- und die Strafrechtsreform. Broda legt Wert darauf, die Öffentlichkeit miteinzubeziehen, weshalb kostenlose Informationsbroschüren publiziert werden. Noch während der SPÖ-Minderheitsregierung (1970-1971) werden ein neues Militärstrafrecht und die sogenannte *kleine Strafrechtsreform* beschlossen, die eine Entkriminalisierung der Homosexualität, eine Neuregelung im Bereich der Beamtendelikte und Korruption sowie Änderungen im Verkehrsstrafrecht und Strafprozessrecht vorsieht.

große Strafrechtsreform

Nach dem Wahlsieg der SPÖ 1971 wird dem Nationalrat eine Regierungsvorlage für die *große Strafrechtsreform* vorgelegt. Künftig sollen eigene Anstalten für geistig abnorme Rechtsbrecher und für straffällig gewordene Süchtige geschaffen werden. Darüber hinaus soll die

Reintegration besserungsfähiger Rechtsbrecher erleichtert und kurzfristige Freiheitsstrafen für Bagatelldelikte durch Geldstrafen ersetzt werden.

Für große Aufregung sorgt die neue Regelung der Schwangerschaftsunterbrechung. Einerseits kritisiert die katholische Kirche diese Lösung als Verstoß gegen das Recht auf Leben, andererseits verlangen viele Frauen eine noch größere „Selbstbestimmung über den eigenen Bauch". Trotz kirchlicher Proteste und einem Einspruch des Bundesrates aufgrund einer ÖVP-Mehrheit wird die Fristenlösung, die einen straffreien Schwangerschaftsabbruch bis zum dritten Monat erlaubt, mittels Beharrungsbeschlusses des Nationalrats verabschiedet. Mit 1. Januar 1975 tritt das neue Strafgesetz samt Fristenlösung in Kraft. Das von der *Aktion Leben* initiierte Volksbegehren gegen die Fristenlösung führte zwar zur erneuten Behandlung im Nationalrat im März 1976, aber die Abänderungsanträge werden abgelehnt.

Fristenlösung

Ergebnis der Familienrechtsreform (1975-1978) ist eine Gleichstellung von Mann und Frau in der Ehe und beider Elternteile im Kindschaftsrecht sowie eine Neuordnung des Ehegattenerbrechts, des Ehegüterrechts und des Ehescheidungsrechts.

Familienrechtsreform

1970 wird das Bundesministerium für Wissenschaft und Forschung unter der Leitung von Hertha Firnberg gegründet. Um allen Kindern die gleichen Bildungschancen zu ermöglichen, werden während der SPÖ-Minderheitsregierung die Aufnahmeprüfungen für Allgemeinbildende Höhere Schulen abgeschafft sowie die Verteilung kostenloser Schulbücher und freie Schulfahrten eingeführt. Das Schulunterrichtsgesetz tritt 1974 und das Universitätsorganisationsgesetz 1975 in Kraft, die Studiengebühren fallen weg.

Bildungsreform

Simon Wiesenthal, Nazijäger und Leiter des Jüdischen Dokumentationszentrums in Wien, deckt 1970 auf, dass drei Mitglieder der Kreisky-Minderheitsregierung ehemalige Nationalsozialisten sind und Landwirtschaftsminister Hans Öllinger der SS angehörte. Der Bundeskanzler ergreift für seine Regierungsmitglieder Partei, der Landwirtschaftsminister tritt allerdings aus gesundheitlichen Gründen zurück. Wiesenthal wird vorgeworfen, dass seine Sympathie für die ÖVP der wahre Grund für diese Enthüllungen sei. 1975 verhärten sich die Fronten zwischen Wiesenthal und Kreisky erneut. Wiesenthal informiert die Öffentlichkeit darüber, dass der FPÖ-Obmann Friedrich Peter einer SS-Einheit angehörte. Kreisky verteidigt Peter und wirft Wiesenthal eine NS-Kollaboration vor. In den 80er Jahren wird Kreisky wegen erneuten Beschuldigungen gegenüber Wiesenthal zu einer Geldstrafe verurteilt.

Bruno Kreisky und Simon Wiesenthal

Mit Bezugnahme auf den Staatsvertrag von 1955 wird im Juli 1972 die zweisprachige topografische Bezeichnung für 205 Kärntner Ortschaften mit einem mindestens 20-prozentigem Anteil slowenischsprachiger Bevölkerung beschlossen. Die *Deutsch-Kärntner* montieren die Tafeln wieder ab. Es entwickelt sich ein jahrzehntelanger Ortstafelstreit, der im Jahr 2000 wieder neu entfacht und bis April 2011 andauert, als man sich auf 164 Tafeln einigt.

Beginn des Ortstafelstreits in Kärnten

Am Sonntag, den 1. August 1976, stürzt in den frühen Morgenstunden die sonst stark frequentierte Wiener Reichsbrücke plötzlich ein und fordert ein Todesopfer. In- und ausländische Medien berichten über die unvorhergesehene Katastrophe. Laut der Expertenkommission war die Ursache ein Zusammenwirken von Mängeln an der Bausubstanz und Witterungs-, Strömungs- und Temperatureinflüssen. Die geschichtsträchtige Brücke über die Donau wird zum dritten Mal neu aufgebaut und 1980 wiedereröffnet. Sie ist Teil der Strecke des Vienna City-Marathons und befindet sich in unmittelbarer Nähe zur UNO-City.

Einsturz der Reichsbrücke in Wien

Die bevorstehende Inbetriebnahme des fertiggestellten Atomkraftwerks bei Zwentendorf stößt auf lautstarke Kritik seitens Umweltschutzorganisationen und Atomkraftgegnern. Die SPÖ und der Österreichische Gewerkschaftsbund befürworten die friedliche Nutzung von Atomenergie, die ÖVP zeigt sich vorsichtig positiv und die FPÖ spricht sich dagegen aus. Am 5. November 1978 findet die erste Volksabstimmung der Zweiten Republik statt, bei der sich eine knappe Mehrheit von 50,5 Prozent gegen die Inbetriebnahme des Atomkraftwerks entscheidet. Im Dezember 1978 wird das Atomsperrgesetz beschlossen, das die Stromerzeugung aus Kernspaltung verbietet. Das AKW wurde nie in Betrieb genommen. Heute dient es als Trainingszentrum für Techniker, es werden Führungen für Besucher angeboten und eine Photovoltaik-Anlage wurde errichtet.

Atomkraftwerk Zwentendorf

Außenpolitik

Kreisky setzt sich innerhalb der Sozialistischen Internationale (SI) für eine Lösung des Nahostkonflikts ein. Zwischen 1974 und 1976 leitet er drei *Fact-Finding-Missions* in der arabischen Welt. Aus dem Abschlussbericht geht hervor, dass eine Lösung nur gemeinsam mit der palästinensischen Befreiungsbewegung PLO möglich sei. 1977 darf die PLO ein Büro bei den internationalen Organisationen in Wien errichten. Im Juli 1979 kommt es zum Treffen zwischen Kreisky, dem SI-Präsidenten Willy Brandt und dem Palästinenserführer Jassir Arafat. In den 1980ern folgen zahlreiche Treffen zwischen Kreisky und Arafat. Kreiskys Haltung – war er doch selbst Jude – stößt auf vielfache Kritik, nicht zuletzt seitens Israels.

Kreiskys Nahostpolitik

Das neutrale Österreich fungiert seit den frühen 1960er Jahren als Transitland für Juden, die aus dem Ostblock nach Israel auswandern. Bis 1973 nehmen über 164.000 Emigranten diese Möglichkeit in Anspruch. Die arabische Welt will den Migrationsfluss unterbinden und schmiedet Attentatspläne auf das von der *Jewish Agency* angemietete Transitlager Schloss Schönau in Niederösterreich, die allerdings vereitelt werden. Am 28. September 1973 nehmen zwei Palästinenser drei Juden und einen österreichischen Zöllner an der Grenzstation

Die Geiselnahme von Marchegg

Marchegg als Geiseln und schaffen es bis zum Flughafen Wien Schwechat. Im Zuge der Verhandlungen mit den Terroristen erklärt sich die österreichische Bundesregierung dazu bereit, das Transitlager Schloss Schönau zu schließen. Die Terroristen lassen daraufhin die Geiseln frei und sie selbst werden nach Tripolis geflogen. Die israelische Ministerpräsidentin Golda Meir fordert Bundeskanzler Kreisky auf, diesen Beschluss zurückzunehmen, jedoch ohne Erfolg. Kreisky weist auf die Gefahr des Lagers für Österreich hin und schlägt vor, die UNO solle für den Schutz aufkommen, was allerdings abgelehnt wird. Eine Rotkreuzstation in Wöllersdorf ersetzt ab Ende November 1973 das Durchgangslager Schloss Schönau.

OPEC-Geiselnahme in Wien

Am 21. Dezember 1975 findet der Überfall mit Geiselnahme auf die OPEC in Wien statt. Es tagen die Erdölminister der größten Förderländer, als fünf Terroristen das unzureichend gesicherte Gebäude mit in Sporttaschen gepackten Maschinenpistolen betreten. Drei Personen werden erschossen, mehrere Menschen verletzt. Nach einer gescheiterten Befreiungsaktion durch das Einsatzkommando der Wiener Polizei und einigen Pannen erfüllt man die Forderungen der Terroristen, die mit den Geiseln nach Algier geflogen werden. Vor dem Abflug streckt deren Anführer, Ilich Ramírez Sánchez alias Carlos, dem Innenminister Otto Rösch die Hand entgegen und es kommt zu einem bizarren Handschlag. Die Geiseln werden nach der Lösegeldzahlung freigelassen. Heute ist man der Meinung, dass auf Befehl des libyschen Staatschefs Muammar al-Gaddafi gehandelt wurde, mit dem Ziel, die OPEC-Minister zu entführen, Lösegeld zu erpressen und die Ölminister des Iran und Saudi-Arabiens zu töten.

Attentate der Abu-Nidal-Organisation

In den 1980er Jahren verübt die Abu-Nidal-Organisation, eine Abspaltung der PLO, drei Anschläge in Wien. Das erste Attentat findet am 1. Mai 1981 statt, als der Wiener Stadtrat und Präsident der Österreichisch-Israelischen Gesellschaft Heinz Nittel vor seinem Haus erschossen wird. Im August desselben Jahres wird ein Anschlag auf eine Synagoge in Wien verübt, bei dem zwei Menschen getötet und zwanzig schwer verletzt werden. Unter den Attentätern befindet sich auch der Mörder von Heinz Nittel. Ende Dezember 1985 eröffnen drei Palästinenser am Flughafen Wien Schwechat auf die wartenden Flugpassagiere am Schalter der israelischen Fluglinie El-Al das Feuer und werfen Handgranaten. Zeitgleich passiert ein Anschlag auf den römischen Flughafen Fiumicino.

Am 23. August 1979 wird die UNO-City (offiziell *Vienna International Centre*, *VIC*, oder *Internationales Zentrum Wien*) als dritter Amtssitz der Vereinten Nationen eröffnet. Heute sind u. a. folgende Organisationen darin untergebracht: das Büro der Vereinten Nationen in Wien (UNOV), das Büro der Vereinten Nationen für Drogen- und Verbrechensbekämpfung (UNODC), die Organisation der Vereinten Nationen für industrielle Entwicklung (UNIDO) und die Internationale Atomenergie-Organisation (IAEO).

Eröffnung der UNO-City in Wien

2.6.6 Die Skandale der 1980er Jahre

In den 1980ern trüben nicht nur Attentate, sondern auch große Skandale das Bild der *Insel der Seligen.*

1980 deckt Alfred Worm, Redakteur des Magazins *profil*, einen der schwersten innenpolitischen Skandale der Zweiten Republik auf. Im Zuge des Neubaus des Allgemeinen Krankenhauses in Wien (AKH) verschwinden Millionenbeträge, Schmiergeldzahlungen werden an Briefkastenfirmen in Liechtenstein überwiesen. Auch Finanzminister Hannes Androsch ist in den Skandal verwickelt. Die Verflechtungen wirtschaftlicher und politischer Interessen schwächen das Vertrauen der Öffentlichkeit in die Politik massiv. Die Aufforderung des damaligen Bundespräsidenten Rudolf Kirchschläger zur „Trockenlegung der Sümpfe und sauren Wiesen“ als Anspielung auf diesen Skandal wird zum geflügelten Wort.

AKH-Skandal

Der ehemalige SS-Sturmbannführer Walter Reder, der den Befehl für das Massaker im italienischen Marzabotto gab, wird am 24. Januar 1985 nach über drei Jahrzehnten Gefangenschaft in der Festung Gaeta per Flugzeug nach Graz-Thalerhof überstellt. Der Verteidigungsminister Friedhelm Frischenschlager (FPÖ) empfängt ihn dort persönlich. Dieser Vorfall löst eine Regierungskrise aus.

Affäre Frischenschlager-Reder

Glykolwein-Skandal

Im Jahr 1985 wird die Verfälschung österreichischer Weine mit dem Frostschutzmittel Diethylenglykol als Süßungsmittel aufgedeckt. Millionen von Litern Wein werden beschlagnahmt, der gesamte Weinexport bricht zusammen und der Imageschaden für die österreichischen Winzer ist beträchtlich. Positiv gesehen führt der Glykolwein-Skandal zu sehr strengen Qualitätskontrollen.

Waldheim-Affäre

Der ehemalige österreichische Botschafter und UN-Generalsekretär Kurt Waldheim kandidiert 1986 als Bundespräsident für die ÖVP. Während des Wahlkampfes kommt Waldheims Kriegsvergangenheit ans Licht und erlangt internationale Aufmerksamkeit. Er selbst rechtfertigt sich, dass er nur seine Pflicht erfüllt habe. In diesem Zusammenhang beginnt der Mythos, Österreich sei das erste Opfer des Nationalsozialismus gewesen, zu bröckeln. Am 8. Juni 1986 wird Waldheim trotz alledem im zweiten Wahlgang zum Bundespräsidenten gewählt. Im April 1987 setzen ihn die USA auf die *Watchlist*. Die Folge ist eine zunehmende Isolierung Österreichs und eine innenpolitische Umgruppierung nach dem Rücktritt von Bundeskanzler Fred Sinowatz. Eine Historikerkommission beschäftigt sich mit dem Fall, aber sie kann Waldheim keine Kriegsverbrechen nachweisen.

Udo Proksch und die Affäre Lucona

Im Jahr 1977 sinkt das Frachtschiff *Lucona* im Indischen Ozean aufgrund einer Explosion, wobei sechs der zwölf Besatzungsmitglieder sterben. Das Schiff hätte angeblich im Auftrag der Firma Zapata SA Suisse eine Uranerzaufbereitungsanlage im Wert von über 31 Millionen Schweizer Franken von Italien nach Hongkong transportieren sollen. Durch den Privatdetektiv Dietmar Guggenbichler wird der Versicherungsbetrug und sechsfache Mord aufgedeckt. Dahinter verbirgt sich einer der größten Politskandale der Zweiten Republik. Der Fall kommt wieder ins Rollen, als Hans Pretterebner im Jahr 1987 nach fast dreijähriger Recherche im Eigenverlag das brisante Buch *Der Fall Lucona. Ost-Spionage, Korruption und Mord im Dunstkreis der Regierungsspitze. Ein Sittenbild der Zweiten Republik*. veröffentlicht. Der Hauptverantwortliche Udo Proksch, eine schillernde Figur der Wiener Schickeria, Gründer des *Club 45* (die *Rote Loge*) und Inhaber der k. u. k. Hofbäckerei Demel in Wien, wird 1992 in zweiter Instanz zu lebenslanger Haft verurteilt. Ein Untersuchungsausschuss befasst sich mit dem Skandal, in den hochrangige österreichische Politiker verwickelt sind. Im Folgenden seien einige davon erwähnt: Leopold Gratz (SPÖ), Österreichs Außenminister und ehemaliger Wiener Bürgermeister wollte mit gefälschten Urkunden seinen Freund Udo Proksch entlasten; Innenminister Karl Blecha (SPÖ) gab Weisungen zur Einstellung der Ermittlungen, weshalb sich die Strafverfolgung des Udo Proksch verzögerte; der unter mysteriösen Umständen verstorbene Bundesminister für Landesverteidigung Karl F. Lütgendorf (parteilos) hatte Udo Proksch Heeresmaterial und Sprengstoff zukommen lassen.

Noricum-Affäre

Der verstaatlichte Stahlkonzern VOEST-Alpine AG befindet sich Mitte der Siebzigerjahre in einer finanziellen Krise und beschließt strukturelle Veränderungen, um einen Personalabbau zu vermeiden. 1979 entscheidet man sich für die Produktion von weitreichenden Kanonen vom Typ *GHN 45*, die für den Export bestimmt sind. Die Tochtergesellschaft *Noricum Maschinenhandels Ges. m. b. H.* wird für diesen Zweck gegründet. Laut Waffenexportgesetz 1977 ist der Waffenexport in Kriegsgebiete untersagt, weshalb man die Kanonen über Tarnempfängerländer zwischen 1981 und 1983 über Jordanien in den Irak und ab 1985 über Libyen nach Iran liefert. Dank investigativem Journalismus wird der Skandal aufgedeckt und im Herbst 1985 zur Anzeige gebracht. Erst 1989 wird ein Untersuchungsausschuss eingesetzt und 1990 beginnt ein dreijähriger Prozess. Am Ende wurden von den 14 angeklagten Managern sieben freigesprochen. Beim parallel verlaufenden Politikerprozess werden dem ehemaligen Bundeskanzler Fred Sinowatz und den ehemaligen Außen- und Innenministern Leopold Gratz und Karl Blecha Amtsmissbrauch und Beitrag zur Gefährdung der Neutralität vorgeworfen. Es erfolgen Freisprüche für Fred Sinowatz und Leopold Gratz. Karl Blecha wird wegen Beweismittelfälschung und Urkundenunterdrückung verurteilt.

2.6.7 Die Koalitionsregierungen 1983-1994

Hainburg

Im Dezember 1984 wird der Bau eines Donaukraftwerks bei Hainburg durch die Besetzung der Stopfenreuther Au von Tausenden Kraftwerksgegnern verhindert. Rund 20 Menschen werden bei der gewaltsamen Räumung durch die Exekutive verletzt. Die Demonstranten kommen aus verschiedenen politischen Lagern, auch die spätere Grünen-Chefin Freda Meissner-Blau nimmt daran teil. Das Ereignis führt zu einem Umdenken in der Politik.

Große Koalition (1986-1990)

Nach Fred Sinowatz' Rücktritt im Zuge der Waldheim-Affäre übernimmt Franz Vranitzky Mitte 1986 das Amt des Bundeskanzlers. Da Jörg Haider im September 1986 zum neuen FPÖ-Obmann gewählt wird, beendet Vranitzky die SPÖ-FPÖ-Koalition frühzeitig. Im November 1986 finden Neuwahlen statt, bei denen die SPÖ und die ÖVP Verluste zu Gunsten der FPÖ hinnehmen müssen, die SPÖ aber stimmenstärkste Partei bleibt. Vranitzky spricht sich klar gegen eine Koalition mit der FPÖ aus und so bilden SPÖ und ÖVP eine Große Koalition. Der Kurs der neuen Regierung steuert eine EU-Mitgliedschaft, eine Teilprivatisierung der verstaatlichten Industrien und ein Sparpaket an.

Bedenkjahr 1988

Anlässlich des 50. Jahrestages des Anschlusses wird ein *Bedenkjahr* ausgerufen. Der Waldheim-Skandal hat Österreichs Vergangenheit in den Mittelpunkt gerückt. Großes Aufsehen erregen die Uraufführung von Thomas Bernhards *Heldenplatz* am Burgtheater und das *Mahnmal gegen Krieg und Faschismus* des österreichischen Bildhauers Alfred Hrdlicka auf dem Albertinaplatz in Wien.

Fall des Eisernen Vorhangs zwischen Österreich und Ungarn

Nachdem Michael Gorbatschow die *Breschnew-Doktrin* aufgehoben hat, beginnt Ungarn am 2. Mai 1989 mit dem Abbau des Grenzzaunes zu Österreich. Am 27. Juni 1989 zerschneiden der österreichische Außenminister Alois Mock und sein ungarischer Amtskollege Gyula Horn den Drahtzaun bei Sopron. Tausende DDR-Bürger beantragen ein Visum für den Sommerurlaub in Ungarn, denn sie hoffen auf eine Flucht über die grüne Grenze nach Österreich. Im Zuge des *Paneuropäischen Picknicks* am 19. August 1989 wird die Grenze für einige

Stunden geöffnet und fast 700 DDR-Bürger flüchten nach Österreich. Zwischen 10. und 11. September 1989 werden die ungarischen Grenzen offiziell geöffnet und über hunderttausend DDR-Bürger nützen in den darauffolgenden Wochen diese Fluchtroute in den Westen.

Nach der Öffnung der Grenzen breitet sich in Österreich eine Angst vor Immigranten und billigen ausländischen Arbeitskräften aus, die durch die FPÖ zusätzlich geschürt wird. Die Ausländerproblematik rückt in den Mittelpunkt der Politik und Haiders FPÖ gewinnt bei den Nationalratswahlen 1990 weitere Mandate dazu. Am 23. Januar 1993 versammeln sich ca. 250.000 Menschen zu einem Lichtermeer am Heldenplatz in Wien. Sie demonstrieren gegen das von der FPÖ initiierte Anti-Ausländer-Volksbegehren *Österreich zuerst*, das rund 418.000 Bürger unterschreiben.

Österreich nach der Wende von 1989

Bundeskanzler Franz Vranitzky bezieht am 8. Juli 1991 in einer Rede vor dem Nationalrat zur Mitschuld Österreichs Stellung. Er reagiert damit auf die Aussage des FPÖ-Obmannes Jörg Haider, es habe im Dritten Reich eine „ordentliche Beschäftigungspolitik" gegeben. Vranitzky räumt nicht nur mit dem Opfermythos auf, sondern er spricht auch von der Mitverantwortung der Österreicher für den Zweiten Weltkrieg und dessen Folgen.

Opfermythos

1995 wird anlässlich des 50. Jahrestages der Unterzeichnung der Unabhängigkeitserklärung der *Nationalfonds der Republik Österreich für Opfer des Nationalsozialismus* gegründet. Es werden verschiedene Opfergruppen definiert und sogenannte *Gestezahlungen* an anerkannte NS-Opfer geleistet. Außerdem fördert der Fonds verschiedene Projekte zum diesem Thema. 2001 wird der *Allgemeine Entschädigungsfonds für Opfer des Nationalsozialismus* eingerichtet, wodurch Opfer und deren Erben Verluste und Schäden (z.B. liquidierte Betriebe) geltend machen können. 2010 erfolgt die Errichtung des *Fonds zur Instandsetzung der jüdischen Friedhöfe in Österreich.*

Fonds für NS-Opfer

Zwischen Dezember 1993 und Dezember 1995 beschäftigen fünf Briefbombenserien die Exekutive. Unter den Empfängern sind u. a. Politiker – Wiens Bürgermeister Helmut Zilk wird an der linken Hand schwer verletzt –, Mitarbeiter der Kirche, Flüchtlingshelfer und gemeinnützige Organisationen. Im August 1994 verliert der Polizist Theo Kelz im Zuge der Entschärfung einer Rohrbombe auf einem Schulgelände in Klagenfurt beide Hände. Bei einem zweiten Rohrbombenanschlag in Oberwart im Burgenland werden vier Roma getötet. Im Oktober 1997 wird der Bombenbauer Franz Fuchs, der unter dem Pseudonym *Bajuwarische Befreiungsarmee* agiert, bei einer Verkehrskontrolle aufgehalten. Er glaubt, überführt worden zu sein, zündet eine Bombe und sprengt sich dabei beide Unterarme weg. 1999 wird Franz Fuchs zu lebenslanger Haft verurteilt und in eine Anstalt für geistig abnorme Rechtsbrecher eingewiesen, wo er ungefähr ein Jahr darauf Selbstmord begeht. Im März 2000 werden dem Polizisten Theo Kelz in der Universitätsklinik Innsbruck zwei neue Hände transplantiert, was für weltweites Interesse sorgt.

Briefbomben-attentäter Franz Fuchs

2.6.8 Österreich seit dem EU-Beitritt

Österreich stellt am 17. Juli 1989 das Beitrittsansuchen (*Brief nach Brüssel*). Die Beitrittsverhandlungen werden am 1. Februar 1993 offiziell aufgenommen und dauern bis zum 12. April 1994. Die österreichische Bevölkerung stimmt mittels einer Volksabstimmung am 12. Juni 1994 mit 66,6 Prozent einem EU-Beitritt zu. In der Schlussrunde der Beitrittsverhandlungen reisen SPÖ-Europa-Staatssekretärin Brigitte Ederer mit den Ministern Alois Mock (Äußeres), Ferdinand Lacina (Finanzen), Viktor Klima (Verkehr), Wolfgang Schüssel (Wirtschaft) und Franz Fischler (Landwirtschaft) für einen dreitägigen Verhandlungsmarathon nach Brüssel. Besonders heikle Punkte sind die Themen Landwirtschaft, Transit und Zweitwohnsitze. Am 1. Januar 1995 tritt Österreich gemeinsam mit Schweden und Finnland der Europäischen Union bei.

EU-Beitritt

Am 28. April 1995 unterzeichnet Österreich das Schengener Abkommen. Die Vorschriften werden ab 31. März 1998 uneingeschränkt umgesetzt. Mit dem Schengener Übereinkommen werden Grenzkontrollen an den Binnengrenzen des Schengen-Raumes aufgehoben.

Beitritt zum Schengen-Raum

Am 17. Juli 1998 stürzen aufgrund eines Wassereinbruchs Teile des Talkbergwerks in Lassing in der Steiermark ein. Dabei wird ein Doppelwohnhaus in den mit Wasser gefüllten Krater gerissen. In einer Rettungsaktion wird fieberhaft nach einem Verschütteten, dem Bergmann Georg Hainzl, gegraben. Die Katastrophe wird zum Medienereignis. Zehn Kumpel werden zur Erkundung in einem Förderkorb hinuntergeschickt, wenig später finden sie auf tragische Weise den Tod. Viele haben die Hoffnungen für alle elf Kumpel schon aufgegeben, als man Klopfzeichen hört. Georg Hainzl wird als einziger Überlebender nach neun Tagen und Nächten aus einem Jausenraum wie durch ein Wunder geborgen.

Das Wunder von Lassing

Am 23. Februar 1999 löst sich eine gewaltige Lawine oberhalb von Galtür im Paznauntal in Tirol und verwüstet auf einer Breite von 400 Metern die Ortschaft. Insgesamt kommen 38 Menschen ums Leben. Österreich ist auf eine Katastrophe dieses Ausmaßes nicht vorbereitet. Das schlechte Wetter hindert das Bundesheer daran, Hilfsmannschaften einfliegen zu lassen, weil die Hubschrauber dafür zu schwach sind. Deutschland, die USA und Frankreich beteiligen sich am Rettungseinsatz, bei dem innerhalb von vier Tagen 17.000 Menschen aus Galtür und Ischgl ausgeflogen werden.

Lawinen-katastrophe von Galtür

Am 11. November 2000 sterben bei einem Brand in einem Tunnel der Gletscherbahn in Kaprun 155 Menschen; nur zwölf Personen gelingt es, den Flammen zu entkommen. Auslöser war laut Gutachten ein defekter Heizlüfter. Ein jahrelanger Gerichtsprozess endet mit Freisprüchen für alle 16 Angeklagten. Das Gutachten und das Urteil lösen heftige Kritik aus. Trotz Entschädigungszahlungen bleibt bei den Hinterbliebenen und Überlebenden ein Gefühl von Ungerechtigkeit und Fassungslosigkeit.

Seilbahn-unglück in Kaprun

Bei den Nationalratswahlen im Oktober 1999 erzielte die SPÖ die relative Mehrheit (33,2 Prozent), gefolgt von der FPÖ auf dem zweiten Platz (26,9 Prozent) und knapp dahinter mit nur 415 Stimmen weniger die ÖVP an dritter Stelle. Da die Koalitionsverhandlungen zwischen SPÖ und ÖVP im Januar 2000 scheitern, drohen die anderen 14 EU-Mitgliedsstaaten im Falle einer Koalition mit der FPÖ mit bilateralen Maßnahmen. Diese wurden auch als *Sanktionen* bezeichnet, entsprechen aber nicht den Sanktionen des Vertrags über die Europäische Union. Nachdem Bundespräsident Thomas Klestil die schwarz-blaue Regierung mit Wolfgang Schüssel (ÖVP) als Bundeskanzler und Susanne Riess-Passer (FPÖ) als Vizekanzlerin am 4. Februar 2000 mit steinerner Miene angelobt, treten die angekündigten Maßnahmen in Kraft. Erst im September 2000 werden diese wieder aufgehoben, als der Bericht der *drei Weisen* für die österreichische Regierung positiv ausfällt. Auch im Inland stößt die neue Regierung auf Widerstand: 150.000 Menschen nehmen an einer Großkundgebung am 19. Februar 2000 teil; ab 24. Februar 2000 finden wöchentliche Donnerstagsdemonstrationen statt.

Maßnahmen der EU-14 gegen die schwarz-blaue Regierung

1998 ist Österreich während seines EU-Ratsvorsitzes in der zweiten Jahreshälfte an den letzten Vorbereitungen der Euro-Einführung maßgeblich beteiligt. Als elektronische Währung wird der Euro in Österreich bereits am 1. Januar 1999 eingeführt. Die Einführung der Münzen und Scheine erfolgt am 1. Januar 2002 mit einer zweimonatigen Übergangsphase, in der sowohl der Schilling als auch der Euro gültiges Zahlungsmittel sind. Der Wechselkurs für einen Euro beträgt 13,7603 Schilling.

Euro-Einführung

Im August 2002 kommt es in Österreich aufgrund von zwei starken Niederschlagsepisoden zu einer Hochwasserkatastrophe, die neun Todesopfer fordert und einen Schaden in Höhe von 2,9 Mrd. Euro anrichtet. Vor allem die Flüsse Donau, Salzach, Enns, Steyr, Traun, Aist und Kamp sowie zahlreiche Wildbäche sind betroffen. Seit dieser Katastrophe wurde in Hochwasserschutzprojekte investiert, die sich in den letzten Jahren bewährt haben.

Jahrhunderthochwasser 2002

Im Zuge des Konkursverfahrens des US-amerikanischen Derivatehändlers *Refco*, mit dem die Gewerkschaftsbank BAWAG (Bank für Arbeit und Wirtschaft AG) Kreditgeschäfte abwickelte, werden im März 2006 riskante *Karibik-Geschäfte* (vor allem Zins- und Währungs-Swaps) der BAWAG aufgedeckt. Durch die Gründung von Briefkastenfirmen verschleierte man Milliardenverluste der BAWAG zwischen 1998 und 2005. Der Österreichische Gewerkschaftsbund erleidet einen Schaden in Höhe von 2 Milliarden Euro und muss die BAWAG verkaufen, da ihm sonst die Insolvenz droht. Der Strafprozess in zwei Verfahren dauert fast sechs Jahre. 2013 werden sechs Angeklagte freigesprochen - darunter auch der Investmentbanker und Sohn des ehemaligen BAWAG-Generaldirektors Wolfgang Flöttl, der bei den Karibik-Geschäften beteiligt war. Ex-BAWAG-Chef Helmut Elsner wird zu zehn Jahren Haft verurteilt. Nachdem er vier Jahre verbüßt hat, wird er aus Gesundheitsgründen haftunfähig. Der Verbleib der 1,4 Milliarden Euro bleibt ungeklärt.

BAWAG-Skandal

Im Jahr 2006 wird nicht nur der BAWAG-Skandal aufgedeckt, sondern auch die Spekulationsverluste in Höhe von 328 Millionen Euro der *Bankengruppe Hypo Alpe Adria*, die ihren Sitz in Kärnten sowie hunderte Niederlassungen (u. a. in Italien und am Balkan) hat. Vorstandsvorsitzender Wolfgang Kulterer wechselt daraufhin in den Aufsichtsrat. Im Jahr 2007 werden 50 Prozent plus eine Aktie an die *BayernLB* verkauft. Danach kommt es zu einer massiven Expansion. Für das Jahr 2008 erhält die *Hypo Alpe Adria* 900 Millionen Euro aus dem Bankenhilfspaket der Republik Österreich. Im November 2009 droht der Bank ohne erneuter Kapitalspritze (diesmal 1,5 Milliarden Euro) eine Unterschreitung der vorgeschriebene Mindest-Eigenkapitalgrenze von acht Prozent. Am 14. Dezember 2009 wird sie von der Republik Österreich notverstaatlicht. Im Jahr 2014 wird die *Hypo Alpe Adria* in Abbaugesellschaften umgewandelt. Die *Heta Asset Resolution AG* (kurz: *Heta*) soll als Bad Bank die notleidenden Teile der ehemaligen Bank so effektiv wie möglich verwerten. Mehrere Untersuchungsausschüsse beschäftigten sich bisher mit dem Skandal. Bis Ende des Jahres 2018 sollen etwa 80 Prozent der Vermögenswerte

Hypo-Skandal

der Heta abgebaut werden, darunter sind Immobilien, Grundstücke, Luxusjachten, Autos und Maschinen. Das Land Kärnten haftet mit rund elf Milliarden Euro, ist aber nicht imstande, den gesamten Schuldenbetrag zu begleichen. In einem zweiten Anlauf wird im September 2016 den Heta-Gläubigern ein Angebot für eine Rückzahlung vorgelegt.

Volksbefragung zur Wehrpflicht

Im Januar 2013 findet eine Volksbefragung zum Thema *Wehrpflicht* statt. Das Volk stimmt für die Beibehaltung der allgemeinen Wehrpflicht und des Zivildienstes (59,7 Prozent) und gegen die vorgeschlagene Einführung eines Berufsheeres und eines bezahlten freiwilligen Sozialjahres (40,3 Prozent). Den Anstoß hatte Wiens Bürgermeister Michael Häupl (SPÖ) im Zuge der Wiener Gemeinderatswahlen im Oktober 2010 gegeben, um männliche Jungwähler für sich zu gewinnen. Die SPÖ, die in der Vergangenheit für die Wehrpflicht eintrat, folgt Häupl. Die ÖVP propagiert gegen ihre frühere Haltung die Beibehaltung der Wehrpflicht.

Steuerreform 2016

Mit 1. Januar 2016 tritt die knapp fünf Milliarden Euro schwere Steuerreform in Kraft. Künftig gibt es sechs Tarifstufen für Einkommen statt drei und einen niedrigeren Eingangssteuersatz von 25 Prozent. Profitieren sollen über sechs Millionen Lohn- und Einkommenssteuerpflichtige sowie Pensionisten und Familien. Andererseits wird der Spitzensteuersatz auf 55 Prozent für Jahreseinkommen ab einer Million Euro angehoben. Die Gegenfinanzierung soll zum einen mittels konjunkturbelebenden Effekten der Steuerreform erfolgen. Zum anderen wird die Betrugsbekämpfung verschärft, wozu u. a. die Registrierkassenpflicht für Unternehmen mit einem Jahresumsatz von 15.000 Euro zählt (mindestens 7.500 Euro davon müssen Barumsätze sein). Der ermäßigte Umsatzsteuersatz wird für einige Produkte und Dienstleistungen wie Hotelübernachtungen oder Eintrittskarten für Kino- und Theaterbesuche von 10 auf 13 Prozent erhöht. Auch die Kapitalertragssteuer auf Dividenden wird von 25 auf 27,5 Prozent angehoben. Über eine Milliarde Euro soll in den Bereichen Verwaltung und Förderungen eingespart werden.

Am 24. April 2016 findet der erste Durchgang der Bundespräsidentenwahl statt. Keiner der insgesamt sechs Kandidaten erreicht die absolute Mehrheit, weshalb es zu einer Stichwahl zwischen den beiden Stimmenstärksten Norbert Hofer (FPÖ) und Alexander Van der Bellen (unabhängiger Kandidat) kommt. Im zweiten Wahlgang erzielt Alexander Van der Bellen eine knappe Mehrheit von 50,3 Prozent. Er wird als zum Bundespräsident gewählt erklärt. Aufgrund von Unregelmäßigkeiten bei der Briefwahl ficht Heinz-Christian Strache (FPÖ) das Ergebnis der Stichwahl an. Der Verfassungsgerichtshof gibt der Anfechtung statt. Das Wahlergebnis wurde demnach beeinflusst, weil die Auswertung der Briefwahlkarten in einigen Bezirken rechtswidrig vorgenommen wurde und die Veröffentlichung von (Teil-) Ergebnissen vor Wahlschluss gegen den Grundsatz der freien Wahl verstößt. Eine Wiederholung des zweiten Wahlgangs wird daraufhin angeordnet. Die zweite Amtsperiode von Heinz Fischer endet mit 8. Juli 2016. Gemäß der Verfassung übernehmen die Nationalratspräsidentin (Doris Bures), der Zweite Präsident (Karlheinz Kopf) und der Dritte Präsident (Norbert Hofer) die Amtsgeschäfte des Staatsoberhaupts bis zur Wahl eines neuen Bundespräsidenten. Diese sollte am 2. Oktober 2016 stattfinden, jedoch muss sie auf den 4. Dezember 2016 verschoben werden. Grund dafür sind fehlerhafte Kuverts für die Briefwahl, bei denen sich der Klebstoff löst. Alexander Van der Bellen gewinnt die Stichwahl mit 53,8 Prozent der Stimmen und wird am 26. Januar 2017 als neuer Bundespräsident angelobt. Der lange Kampf um die Hofburg spiegelt sich auch im Wort des Jahres 2016 wider: „Bundespräsidentenstichwahlwiederholungsverschiebung“.

Bundespräsidentenwahl 2016

Quellen

Simone Kellner

Landeskunde Österreich

2.1 Allgemeine Informationen

Ackerl, I. (2008). *Geschichte Österreichs in Daten. Von 1806 bis heute.* Wiesbaden: Marixverlag. S. 151.

basemap.at. (2017). (Stadt Wien und Österreichische Länder bzw. Ämter der Landesregierung). Abgerufen am 27. April 2017 von http://basemap.at/

Bundesministerium für Europa, Integration und Äußeres. (s.a./a). *20 Jahre Österreich in der EU.* Abgerufen am 11. Juli 2016 von https://www.bmeia.gv.at/europa-aussenpolitik/europapolitik/oesterreich-in-der-eu/

Bundesministerium für Europa, Integration und Äußeres. (s.a./b). *Österreich und die Vereinten Nationen.* Abgerufen am 12. Mai 2016 von https://www.bmeia.gv.at/europa-aussenpolitik/oesterreich-und-die-vereinten-nationen/

B-VG. (BGBl. Nr. 1/1930 idF BGBl. I Nr. 41/2016). *Bundes-Verfassungsgesetz.* (Art 1, Art 5 Abs 1, Art 8 Abs 1 und 3, Art 19 Abs 1, Art 69 Abs 1). Abgerufen am 11. Juli 2016 von Bundeskanzleramt Rechtsinformationssystem: https://www.ris.bka.gv.at/GeltendeFassung.wxe?Abfrage=Bundesnormen&Gesetzesnummer=10000138

Europäische Charta der Regional- oder Minderheitensprachen. (BGBl. III Nr. 216/2001 idF BGBl. III Nr. 11/2016). Abgerufen am 11. Juli 2016 von Bundeskanzleramt Rechtsinformationssystem: https://www.ris.bka.gv.at/GeltendeFassung.wxe?Abfrage=Bundesnormen&Gesetzesnummer=20001589

Europarat. (s.a.). *Österreich // 47 Staaten, ein Europa.* Abgerufen am 30. Mai 2016 von http://www.coe.int/de/web/portal/austria

OECD. (s.a.). *Übereinkommen über die Organisation für Wirtschaftliche Zusammenarbeit und Entwicklung.* Abgerufen am 11. Juli 2016 von http://www.oecd.org/berlin/dieoecd/ubereinkommenuberdieorganisationfurwirtschaftlichezusammenarbeitundentwicklung.htm

STATISTIK AUSTRIA. (2017a). *Bevölkerung zu Jahresbeginn 2002-2017 nach Politischen Bezirken.* Abgerufen am 19. April 2017 von http://www.statistik-oesterreich.at/web_de/statistiken/menschen_und_gesellschaft/bevoelkerung/bevoelkerungsstand_und_veraenderung/bevoelkerung_zu_jahres-_quartalsanfang/080907.html

STATISTIK AUSTRIA. (2017b). *Österreich. Zahlen, Daten, Fakten* (12. Ausg.). Wien. S. 8.

Wikipedia. (13. Juni 2016k). *Organisation für Sicherheit und Zusammenarbeit in Europa.* Abgerufen am 11. Juli 2016 von https://de.wikipedia.org/wiki/Organisation_f%C3%BCr_Sicherheit_und_Zusammenarbeit_in_Europa

World Trade Organisation (WTO). (s.a.). *Austria and the WTO*. Abgerufen am 11. Juli 2016 von https://www.wto.org/english/thewto_e/countries_e/austria_e.htm

2.2 Das politische System

2.2.1 Das Verfassungsrecht

Berka, W. (2012). *Verfassungsrecht. Grundzüge des österreichischen Verfassungsrechts für das juristische Studium* (4. Ausg.). Wien: Springer. S. 13, 15-17, 20-21.

2.2.1.1 Der Stufenbau der Rechtsordnung

Berka, W. (2012). *Verfassungsrecht. Grundzüge des österreichischen Verfassungsrechts für das juristische Studium* (4. Ausg.). Wien: Springer. S. 5.

Weber, K., & Müller, T. (2016). *Einführung in das öffentliche Recht und in das Europarecht* (2. Ausg.). Wien: Österreich. S. 4.

2.2.1.2 Die Grundprinzipien der Bundesverfassung

Berka, W. (2012). *Verfassungsrecht. Grundzüge des österreichischen Verfassungsrechts für das juristische Studium* (4. Ausg.). Wien: Springer. S. 33-35, 49.

Binder, B., & Trauner, G. (2014). Teil B: Die Staatsorganisation und das Handeln der Staatsorgane. In B. Binder, & G. Trauner, *Öffentliches Recht - Grundlagen: Lehrbuch* (3. Ausg., S. 128-201). Wien: Linde. S. 129.

B-VG. (BGBl. Nr. 1/1930 idF BGBl. I Nr. 41/2016). *Bundes-Verfassungsgesetz*. (Art 1, Art 2 Abs 1 und 2, Art 18 Abs 1, Art 82 ff, Art 87). Abgerufen am 11. Juli 2016 von Bundeskanzleramt Rechtsinformationssystem: https://www.ris.bka.gv.at/GeltendeFassung.wxe?Abfrage=Bundesnormen&Gesetzesnummer=10000138

Republik Österreich Parlament. (19. Oktober 2015d). *Landesregierungen und Landesverwaltung*. Abgerufen am 12. Juli 2016 von https://www.parlament.gv.at/PERK/BOE/LR/

Republik Österreich Parlament. (30. August 2016f). *Die Landtage*. Abgerufen am 05. September 2016 von https://www.parlament.gv.at/PERK/BOE/LT/

STATISTIK AUSTRIA. (2017b). *Österreich. Zahlen, Daten, Fakten* (12. Ausg.). Wien. S. 9.

Weber, K., & Müller, T. (2016). *Einführung in das öffentliche Recht und in das Europarecht* (2. Ausg.). Wien: Österreich. S. 15-18, 27-28, 31-33, 37-39, 42-44.

Wikipedia. (04. September 2015a). *Geographie Kärntens*. Abgerufen am 04. Juli 2016 von https://de.wikipedia.org/wiki/Geographie_K%C3%A4rntens

Wikipedia. (25. Dezember 2015b). *Portal:Niederösterreich*. Abgerufen am 04. Juli 2016 von https://de.wikipedia.org/wiki/Portal:Nieder%C3%B6sterreich

Wikipedia. (05. Januar 2015c). *Portal:Steiermark*. Abgerufen am 05. Juli 2016 von https://de.wikipedia.org/wiki/Portal:Steiermark

Wikipedia. (20. September 2015d). *Portal:Tirol*. Abgerufen am 04. Juli 2016 von https://de.wikipedia.org/wiki/Portal:Tirol

Wikipedia. (09. Juni 2016b). *Kärnten*. Abgerufen am 04. Juli 2016 von https://de.wikipedia.org/wiki/K%C3%A4rnten

Wikipedia. (09. Juni 2016d). *Land Salzburg*. Abgerufen am 06. Juli 2016 von https://de.wikipedia.org/wiki/Land_Salzburg

Wikipedia. (03. Februar 2016e). *Liste der Bezirke und Statutarstädte in Österreich*. Abgerufen am 12. Juli 2016 von https://de.wikipedia.org/wiki/Liste_der_Bezirke_und_Statutarst%C3%A4dte_in_%C3%96sterreich

Wikipedia. (23. Mai 2016g). *Liste der Pässe in Österreich*. Abgerufen am 04. Juli 2016 von https://de.wikipedia.org/wiki/Liste_der_P%C3%A4sse_in_%C3%96sterreich

Wikipedia. (20. Juni 2016h). *Liste der Städte in Österreich*. Abgerufen am 04. Juli 2016 von https://de.wikipedia.org/wiki/Liste_der_St%C3%A4dte_in_%C3%96sterreich

Wikipedia. (29. Juni 2016j). *Oberösterreich*. Abgerufen am 04. Juli 2016 von https://de.wikipedia.org/wiki/Ober%C3%B6sterreich

Wikipedia. (14. Juli 2016l). *Burgenland*. Abgerufen am 24. Juli 2016 von https://de.wikipedia.org/wiki/Burgenland

Wikipedia. (12. Juni 2016m). *Portal:Salzburg*. Abgerufen am 05. Juli 2016 von https://de.wikipedia.org/wiki/Portal:Salzburg

Wikipedia. (29. Juni 2016o). *Steiermark*. Abgerufen am 05. Juli 2016 von https://de.wikipedia.org/wiki/Steiermark

Wikipedia. (09. Juli 2016p). *Vorarlberg*. Abgerufen am 04. Juli 2016 von https://de.wikipedia.org/wiki/Vorarlberg

Wikipedia. (30. Juni 2016q). *Wien*. Abgerufen am 04. Juli 2016 von https://de.wikipedia.org/wiki/Wien

Wikipedia. (10. Februar 2016r). *Portal:Burgenland*. Abgerufen am 24. Juli 2016 von https://de.wikipedia.org/wiki/Portal:Burgenland

Wikipedia. (03. Mai 2017b). *Niederösterreich*. Abgerufen am 09. Mai 2017 von https://de.wikipedia.org/wiki/Nieder%C3%B6sterreich

2.2.1.3 Neutralitätsgesetz und Landesverteidigung

B-VG. (BGBl. Nr. 1/1930 idF BGBl. I Nr. 41/2016). *Bundes-Verfassungsgesetz*. (Art 9a). Abgerufen am 11. Juli 2016 von Bundeskanzleramt Rechtsinformationssystem:

https://www.ris.bka.gv.at/GeltendeFassung.wxe?Abfrage=Bundesnormen&Gesetzesnummer=10000138

Hauser, G. (2016). *Neutralität. Politische Bildung im Österreichischen Bundesheer* (Bd. 3). (Republik Österreich, BMLVS, Hrsg.) Wien: Heeresdruckzentrum. S. 13-17. Abgerufen am 08. September 2016 von http://www.bundesheer.at/download_archiv/pdfs/3_neutralitaet.pdf

Neutralitätsgesetz. (BGBl. Nr. 211/1955). *Bundesverfassungsgesetz vom 26. Oktober 1955 über die Neutralität Österreichs.* Abgerufen am 08. September 2016 von Bundeskanzleramt Rechtsinformationssystem: https://www.ris.bka.gv.at/GeltendeFassung.wxe?Abfrage=Bundesnormen&Gesetzesnummer=10000267

2.2.2 Gesetzgebung

2.2.2.1 Nationalrat

Berka, W. (2012). *Verfassungsrecht. Grundzüge des österreichischen Verfassungsrechts für das juristische Studium* (4. Ausg.). Wien: Springer. S. 164-169.

B-VG. (BGBl. Nr. 1/1930 idF BGBl. I Nr. 41/2016). *Bundes-Verfassungsgesetz.* (Art 26 Abs 1). Abgerufen am 11. Juli 2016 von Bundeskanzleramt Rechtsinformationssystem: https://www.ris.bka.gv.at/GeltendeFassung.wxe?Abfrage=Bundesnormen&Gesetzesnummer=10000138

Parlamentsdirektion (Hrsg.). (2013). *Das österreichische Parlament : Parlamentarismus, Gebäude, Geschichte = The Austrian Parliament: Parliamentary System, Building, History.* Wien. S. 43-45, 49.

Republik Österreich Parlament. (21. Oktober 2014a). *Grundsätze des Wahlrechts.* Abgerufen am 03. August 2016 von https://www.parlament.gv.at/PERK/PARL/DEM/GRUNDS/

Republik Österreich Parlament. (21. Oktober 2014b). *Parlamentarische Klubs.* Abgerufen am 01. August 2016 von https://www.parlament.gv.at/PERK/PK/PK/

Republik Österreich Parlament. (21. Oktober 2014c). *Rechte, Finanzierung und Organisation der Klubs.* Abgerufen am 01. August 2016 von https://www.parlament.gv.at/PERK/PK/PK/ParlamentarischeRechtederKlubs/index.shtml

Republik Österreich Parlament. (21. Oktober 2014e). *Wahlen zum Nationalrat.* Abgerufen am 05. August 2016 von https://www.parlament.gv.at/PERK/PARL/DEM/NRWAHL/index.shtml

Republik Österreich Parlament. (06. November 2015c). *Die Aufgaben des Nationalrates.* Abgerufen am 01. August 2016 von https://www.parlament.gv.at/PERK/NRBRBV/NR/AUFGNR/index.shtml

Republik Österreich Parlament. (29. Juli 2015e). *Präsidium und Präsidialkonferenz.* Abgerufen am 01. August 2016 von https://www.parlament.gv.at/PERK/NRBRBV/NR/PRAESNR/index.shtml

2.2.2.2 Bundesrat

Berka, W. (2012). *Verfassungsrecht. Grundzüge des österreichischen Verfassungsrechts für das juristische Studium* (4. Ausg.). Wien: Springer. S. 180-182.

Parlamentsdirektion (Hrsg.). (2013). *Das österreichische Parlament : Parlamentarismus, Gebäude, Geschichte = The Austrian Parliament: Parliamentary System, Building, History*. Wien. S. 51-53.

Republik Österreich Parlament. (29. Juli 2015a). *Ausschüsse des Bundesrates*. Abgerufen am 29. Juli 2016 von https://www.parlament.gv.at/PERK/NRBRBV/BR/ABR/

Republik Österreich Parlament. (16. November 2015b). *Die Aufgaben des Bundesrates*. Abgerufen am 29. Juli 2016 von https://www.parlament.gv.at/PERK/NRBRBV/BR/AUFGBR/index.shtml

Republik Österreich Parlament. (26. Februar 2016a). *Bundesrat*. Abgerufen am 29. Juli 2016 von https://www.parlament.gv.at/PERK/NRBRBV/BR/

2.2.2.3 Bundesversammlung

Parlamentsdirektion (Hrsg.). (2013). *Das österreichische Parlament : Parlamentarismus, Gebäude, Geschichte = The Austrian Parliament: Parliamentary System, Building, History*. Wien. S. 53.

2.2.2.4 Der Weg der Bundesgesetzgebung

Parlamentsdirektion (Hrsg.). (2013). *Das österreichische Parlament : Parlamentarismus, Gebäude, Geschichte = The Austrian Parliament: Parliamentary System, Building, History*. Wien. S. 55-59.

2.2.2.5 Kontrollinstrumente des Parlaments

Parlamentsdirektion (Hrsg.). (2013). *Das österreichische Parlament : Parlamentarismus, Gebäude, Geschichte = The Austrian Parliament: Parliamentary System, Building, History*. Wien. S. 61-65.

Republik Österreich Parlament. (08. Juni 2015f). *Verlangen der Anwesenheit von Regierungsmitgliedern (Zitationsrecht)*. Abgerufen am 02. August 2016 von https://www.parlament.gv.at/PERK/KONTR/POL/3ZITATIONSRECHT/index.shtml

2.2.2.6 Instrumente der direkten Demokratie

Berka, W. (2012). *Verfassungsrecht. Grundzüge des österreichischen Verfassungsrechts für das juristische Studium* (4. Ausg.). Wien: Springer. S. 198-199.

Republik Österreich Parlament. (21. Oktober 2014d). *Volksbefragung*. Abgerufen am 03. August 2016 von https://www.parlament.gv.at/PERK/BET/VOLKFR/index.shtml

Republik Österreich Parlament. (04. November 2015g). *Volksabstimmung*. Abgerufen am 03. August 2016 von https://www.parlament.gv.at/PERK/BET/VOLKAB/index.shtml

2.2.2.7 Gesetzgebung der Länder

Republik Österreich Parlament. (30. August 2016f). *Die Landtage*. Abgerufen am 05. September 2016 von https://www.parlament.gv.at/PERK/BOE/LT/

2.2.3 Verwaltung

Berka, W. (2012). *Verfassungsrecht. Grundzüge des österreichischen Verfassungsrechts für das juristische Studium* (4. Ausg.). Wien: Springer. S. 201, 220, 228-231, 243.

2.2.3.1 Bundespräsident

Berka, W. (2012). *Verfassungsrecht. Grundzüge des österreichischen Verfassungsrechts für das juristische Studium* (4. Ausg.). Wien: Springer. S. 217-219.

BPräsWG. (BGBl. Nr. 57/1971 idF BGBl. I Nr. 32/2016). *Bundespräsidentenwahlgesetz 1971 – BPräsWG.* (§ 7 Abs 1 und 9). Abgerufen am 28. Juli 2016 von Bundeskanzleramt Rechtsinformationssystem: https://www.ris.bka.gv.at/GeltendeFassung.wxe?Abfrage=Bundesnormen&Gesetzesnummer=10000494&ShowPrintPreview=True

Bundeskanzleramt Österreich. (01. Januar 2016b). *Bundespräsident.* Abgerufen am 28. Juli 2016 von HELP.gv.at: https://www.help.gv.at/Portal.Node/hlpd/public/content/223/Seite.2230007.html

B-VG. (BGBl. Nr. 1/1930 idF BGBl. I Nr. 41/2016). *Bundes-Verfassungsgesetz.* (Art 38, Art 60, Art 62, Art 64 Abs 1). Abgerufen am 11. Juli 2016 von Bundeskanzleramt Rechtsinformationssystem: https://www.ris.bka.gv.at/GeltendeFassung.wxe?Abfrage=Bundesnormen&Gesetzesnummer=10000138

Republik Österreich Parlament. (29. Juni 2016b). *Gegenseitige Machtbegrenzung: Parlament und BundespräsidentIn.* Abgerufen am 28. Juli 2016 von https://www.parlament.gv.at/PERK/PARL/POL/ParluBP/Index.shtml

Wikipedia. (27. Januar 2017a). *Liste der Bundespräsidenten der Republik Österreich.* Abgerufen am 25. April 2017 von https://de.wikipedia.org/wiki/Liste_der_Bundespr%C3%A4sidenten_der_Republik_%C3%96sterreich

2.2.3.2 Bundesregierung

Berka, W. (2012). *Verfassungsrecht. Grundzüge des österreichischen Verfassungsrechts für das juristische Studium* (4. Ausg.). Wien: Springer. S.220-226.

Pelinka, A., & Rosenberger, S. (2007). *Österreichische Politik: Grundlagen - Strukturen - Trends* (3. Ausg.). Wien: Facultas. S. 134-144.

2.2.3.2.1 Bundeskanzler

Berka, W. (2012). *Verfassungsrecht. Grundzüge des österreichischen Verfassungsrechts für das juristische Studium* (4. Ausg.). Wien: Springer. S.221-222, 224.

Bundeskanzleramt Österreich. (2016c). *Kanzler und Regierungen seit 1945.* Abgerufen am 29. Juli 2016 von https://www.bka.gv.at/site/3355/default.aspx

Wikipedia. (19. Mai 2016f). *Bundeskanzler (Österreich).* Abgerufen am 06. August 2016 von https://de.wikipedia.org/wiki/Bundeskanzler_(%C3%96sterreich)

2.2.3.2.2 Bundesministerien

Berka, W. (2012). *Verfassungsrecht. Grundzüge des österreichischen Verfassungsrechts für das juristische Studium* (4. Ausg.). Wien: Springer. S. 222, 225-227.

BMG. (BGBl. Nr. 76/1986 idF BGBl. I Nr. 49/2016). *Bundesgesetz über die Zahl, den Wirkungsbereich und die Einrichtung der Bundesministerien (Bundesministeriengesetz 1986 - BMG).* (§ 1). Abgerufen am 29. Juli 2016 von Bundeskanzleramt Rechtsinformationssystem: https://www.ris.bka.gv.at/GeltendeFassung.wxe?Abfrage=Bundesnormen&Gesetzesnummer=10000873

Bundeskanzleramt Österreich. (2016a). *Bundesminister für Kunst und Kultur, Verfassung und Medien.* Abgerufen am 06. August 2016 von http://www.bundeskanzleramt.at/site/3338/default.aspx

2.2.3.3 Landesverwaltung

Berka, W. (2012). *Verfassungsrecht. Grundzüge des österreichischen Verfassungsrechts für das juristische Studium* (4. Ausg.). Wien: Springer. S.238-241.

2.2.3.4 Selbstverwaltung

Berka, W. (2012). *Verfassungsrecht. Grundzüge des österreichischen Verfassungsrechts für das juristische Studium* (4. Ausg.). Wien: Springer. S. 243-247, 250, 252-257.

B-VG. (BGBl. Nr. 1/1930 idF BGBl. I Nr. 41/2016). *Bundes-Verfassungsgesetz.* (Art 116 Abs 2). Abgerufen am 11. Juli 2016 von Bundeskanzleramt Rechtsinformationssystem: https://www.ris.bka.gv.at/GeltendeFassung.wxe?Abfrage=Bundesnormen&Gesetzesnummer=10000138

2.2.4 Gerichtsbarkeit

Pelinka, A., & Rosenberger, S. (2007). *Österreichische Politik: Grundlagen - Strukturen - Trends* (3. Ausg.). Wien: Facultas. S. 145-147.

Vereinigung der österreichischen Richterinnen und Richter. (2016b). *Verfahrensgrundsätze.* Abgerufen am 30. August 2016 von https://richtervereinigung.at/justiz/verfahrensgrundsaetze/

2.2.4.1 Ordentliche Gerichtsbarkeit

Vereinigung der österreichischen Richterinnen und Richter. (2016a). *Ordentliche Gerichtsbarkeit.* Abgerufen am 30. August 2016 von RIV: https://richtervereinigung.at/justiz/gerichtsbarkeit/ordentliche-gerichtsbarkeit/

WKO. (28. September 2016b). *Gerichtszuständigkeit - im Detail.* Abgerufen am 11. Mai 2017 von Wirtschaftskammer Österreich: https://www.wko.at/service/wirtschaftsrecht-gewerberecht/Gerichtszustaendigkeit_-_im_Detail.html

2.2.4.2 Gerichtsbarkeit des öffentlichen Rechts

Die österreichische Justiz. (s.a.). *Gerichtshöfe des öffentlichen Rechts.* Abgerufen am 07. September 2016 von https://www.justiz.gv.at/web2013/home/justiz/justizbehoerden/die_gerichte/gerichtshoefe_des_oeffentlichen_rechts~8ab4a8a422985de30122a926c4316332.de.html

2.2.4.2.1 Österreichischer Verfassungsgerichtshof (VfGH)

Verfassungsgerichtshof Österreich. (s.a./a). *Kompetenzen.* Abgerufen am 11. Mai 2017 von https://www.vfgh.gv.at/kompetenzen-und-verfahren/kompetenzen.de.html

Verfassungsgerichtshof Österreich. (s.a./b). *Organisation.* Abgerufen am 07. September 2016 von https://www.vfgh.gv.at/cms/vfgh-site/vfgh/organisation.html

Verfassungsgerichtshof Österreich. (s.a./c). *Wie ein Verfahren abläuft.* Abgerufen am 07. September 2016 von https://www.vfgh.gv.at/cms/vfgh-site/vfgh/verfahren.html

2.2.4.2.2 Österreichischer Verwaltungsgerichtshof (VwGH)

Österreichischer Verwaltungsgerichtshof. (s.a./a). *Gerichtshof.* Abgerufen am 07. September 2016 von https://www.vwgh.gv.at/gerichtshof/index.html

Österreichischer Verwaltungsgerichtshof. (s.a./b). *Richterinnen und Richter.* Abgerufen am 07. September 2016 von https://www.vwgh.gv.at/gerichtshof/richterinnen_und_richter/index.html

Österreichischer Verwaltungsgerichtshof. (s.a./c). *Der Weg zur Entscheidung.* Abgerufen am 07. September 2016 von https://www.vwgh.gv.at/verfahren/der_weg_zur_entscheidung/index.html

2.2.5 Parteien

Bundesministerium für Inneres. (2008). *Nationalratswahlen 2008.* Abgerufen am 06. September 2016 von http://wahl08.bmi.gv.at/

Bundesministerium für Inneres. (2013a). *Nationalratswahl 2013.* Abgerufen am 06. September 2016 von http://wahl13.bmi.gv.at/

Die Grünen. (2016a). *Bundespartei.* Abgerufen am 05. September 2016 von https://www.gruene.at/partei/organisation/bundespartei

Die Grünen. (2016b). *Überblick. Die grüne Chronik.* Abgerufen am 05. September 2016 von https://www.gruene.at/partei/chronik/ueberblick

Freiheitliche Partei Österreichs. (18. Juni 2011). *Parteiprogramm der Freiheitlichen Partei Österreichs (FPÖ).* Abgerufen am 02. September 2016 von https://www.fpoe.at/themen/parteiprogramm/

NEOS - Das Neue Österreich und Liberales Forum. (2016a). *Über uns. Wer wir sind.* Abgerufen am 05. September 2016 von https://neos.eu/wer-wir-sind/

NEOS - Das Neue Österreich und Liberales Forum. (2016b). *NEOS Vorstand.* Abgerufen am 05. September 2016 von https://neos.eu/vorstand-2/

Österreichische Volkspartei. (12. Mai 2015). *Grundsatzprogramm 2015 der Österreichischen Volkspartei.* Abgerufen am 06. September 2016 von https://www.oevp.at/download/Programm_und_Statuten.psp

ÖVP. (s.a.). *Die Geschichte der ÖVP.* Abgerufen am 05. September 2016 von https://www.oevp.at/die-partei/Eine-Geschichte-der-Oevp.psp?p=5

Parteien-Förderungsgesetz 2012. (BGBl. I Nr. 57/2012). *Parteien-Förderungsgesetz 2012.* Abgerufen am 02. September 2016 von Bundeskanzleramt Rechtsinformationssystem: https://www.ris.bka.gv.at/GeltendeFassung.wxe?Abfrage=Bundesnormen&Gesetzesnummer=20007891

Parteiengesetz 2012. (BGBl. I Nr. 56/2012 idF BGBl. I Nr. 84/2013). *Parteiengesetz 2012.* Abgerufen am 02. September 2016 von Bundeskanzleramt Rechtsinformationssystem: https://www.ris.bka.gv.at/GeltendeFassung.wxe?Abfrage=Bundesnormen&Gesetzesnummer=20007889

Pelinka, A., & Rosenberger, S. (2007). *Österreichische Politik: Grundlagen - Strukturen - Trends* (3. Ausg.). Wien: Facultas. S. 160-161, 164.

Republik Österreich Parlament. (27. April 2015h). *Politische Parteien.* Abgerufen am 02. September 2016 von https://www.parlament.gv.at/PERK/PK/PP/

Republik Österreich Parlament. (07. Juni 2016e). *Parteien.* Abgerufen am 01. September 2016 von https://www.parlament.gv.at/PERK/FAQ/PART/

Republik Österreich Parlament. (13. Mai 2017). *Aktueller Sitzplan des Nationalrates.* Abgerufen am 14. Mai 2017 von https://www.parlament.gv.at/WWER/NR/SITZPLANNR/index.shtml

Sozialdemokratische Partei Österreichs. (s.a.). *Kanzler, Regierungen und Präsidenten.* Abgerufen am 05. September 2016 von https://www.rotbewegt.at/#/seite/kanzler-regierungen-und-prasidenten

SPÖ-Bundesgeschäftsstelle. (1998). *Das Grundsatzprogramm.* Abgerufen am 06. September 2016 von https://spoe.at/das-spoe-parteiprogramm

Team Stronach für Österreich. (2016a). *Die Bundespartei.* Abgerufen am 05. September 2016 von http://www.teamstronach.at/bundespartei

Team Stronach für Österreich. (2016b). *Die Schwerpunktthemen.* Abgerufen am 05. September 2016 von http://www.teamstronach.at/themen/schwerpunkte

Wikipedia. (18. August 2016t). *Politische Farbe.* Abgerufen am 05. September 2016 von https://de.wikipedia.org/wiki/Politische_Farbe#.C3.96sterreich

Wikipedia. (29. August 2016u). *Freiheitliche Partei Österreichs.* Abgerufen am 06. September 2016 von https://de.wikipedia.org/wiki/Freiheitliche_Partei_%C3%96sterreichs

Wikipedia. (02. Juni 2016v). *Liste der Parteiobleute der Freiheitlichen Partei Österreichs.* Abgerufen am 06. September 2016 von https://de.wikipedia.org/wiki/Liste_der_Parteiobleute_der_Freiheitlichen_Partei_%C3%96sterreichs

Wikipedia. (04. September 2016w). *Österreichische Volkspartei.* Abgerufen am 06. September 2016 von https://de.wikipedia.org/wiki/%C3%96sterreichische_Volkspartei

Wikipedia. (30. August 2016x). *Sozialdemokratische Partei Österreichs.* Abgerufen am 06. September 2016 von https://de.wikipedia.org/wiki/Sozialdemokratische_Partei_%C3%96sterreichs

Wikipedia. (18. August 2016z). *Die Grünen – Die Grüne Alternative.* Abgerufen am 06. September 2016 von
https://de.wikipedia.org/wiki/Die_Gr%C3%BCnen_%E2%80%93_Die_Gr%C3%BCne_Alternative

2.3 Interessenvertretungen

Bundeskonferenz der Freien Berufe Österreichs. (31. Dezember 2015). *Die BUKO.* Abgerufen am 01. September 2016 von http://www.freie-berufe.at/die-buko/

Die Sozialpartner Österreich. (2015a). *Sozialpartner. Geschichte.* Abgerufen am 23. Mai 2016 von http://www.sozialpartner.at/?page_id=1115

Die Sozialpartner Österreich. (2015b). *Sozialpartner. Was ist das?* Abgerufen am 17. August 2016 von http://www.sozialpartner.at/?page_id=127

Die Sozialpartner Österreich. (2015c). *Aufgaben der Sozialpartner.* Abgerufen am 27. August 2016 von http://www.sozialpartner.at/?page_id=382

ÖGB. (2016a). *Was ist ein Kollektivvertrag?* Abgerufen am 17. August 2016 von http://www.kollektivvertrag.at/cms/KV/KV_3.1/der-kollektivvertrag/was-ist-ein-kollektivvertrag

ÖGB. (2016b). *Warum Kollektivverträge?* Abgerufen am 17. August 2016 von http://www.kollektivvertrag.at/cms/KV/KV_3.2/der-kollektivvertrag/warum-kollektivvertraege

Pelinka, A., & Rosenberger, S. (2007). *Österreichische Politik: Grundlagen - Strukturen - Trends* (3. Ausg.). Wien: Facultas. S. 194-194, 198-199.

2.4 Unternehmen

BMWFW. (2017). *Kleine und mittlere Unternehmen in Österreich - Facts and Figures.* Abgerufen am 15. Mai 2017 von Bundesministerium für Wissenschaft, Forschung und Wirtschaft: http://www.bmwfw.gv.at/Unternehmen/UnternehmensUndKMU-Politik/Seiten/KleineundmittlereUnternehmeninOesterreich_FactsandFeatures.aspx

börsennews.de. (s.a.). *ATX.* Abgerufen am 17. August 2016 von http://www.boersennews.de/lexikon/begriff/atx/157

Rieder, B., & Huemer, D. (2016). *Gesellschaftsrecht* (4. Ausg.). Wien: facultas. S. 44-46, 88-90, 185-187, 206-211, 341, 356, 366.

STATISTIK AUSTRIA. (2017b). *Österreich. Zahlen, Daten, Fakten* (12. Ausg.). Wien. S. 46-48.

UGB. (dRGBl. S 219/1897 idF BGBl. I Nr. 43/2016). *Bundesgesetz über besondere zivilrechtliche Vorschriften für Unternehmen (Unternehmensgesetzbuch - UGB).* (§ 1 Abs 2, § 17 Abs 1). Abgerufen am 14. August 2016 von Bundeskanzleramt Rechtsinformationssystem:

https://www.ris.bka.gv.at/GeltendeFassung.wxe?Abfrage=Bundesnormen&Gesetzesnummer=10001702

Wiener Börse AG. (17. August 2016). *Das Unternehmen Wiener Börse AG.* Abgerufen am 17. August 2016 von https://www.wienerborse.at/ueber-uns/wiener-boerse/

WKO. (23. April 2015). *Einzelunternehmen.* Abgerufen am 14. August 2016 von Wirtschaftskammer Österreich: https://www.wko.at/Content.Node/Service/Wirtschaftsrecht-und-Gewerberecht/Gesellschaftsrecht/Unternehmensrecht/Gesellschaftsformen/Einzelunternehmen.html

WKO Gründerservice. (2016a). *Leitfaden für Gründerinnen und Gründer* (21 Ausg.). Wien: Ferdinand Berger & Söhne. S. 18-19, 21-22.

2.5 Medien

2.5.1 Zeitungen

austria Kiosk. (s.a.). *Magazine. Wirtschaft & Nachrichten.* Abgerufen am 14. Juli 2016 von https://www.kiosk.at/kiosk/kiosk.action?chosenMenu=MAG_KAT_3

derStandard.at. (03. Dezember 2014). *Blattlinie.* Abgerufen am 08. Juli 2016 von http://derstandard.at/2000008949975/Blattlinie-standard

derStandard.at. (22. Januar 2015). *STANDARD Medien AG.* Abgerufen am 08. Juli 2016 von http://derstandard.at/2000010753815/STANDARD-Medien-AG

DiePresse.com. (02. September 2016). *"Wirtschaftsblatt": Stolzer Abschied einer Zeitung.* Abgerufen am 08. September 2016 von http://diepresse.com/home/kultur/medien/5078996/Wirtschaftsblatt_Stolzer-Abschied-einer-Zeitung

KURIER. (05. Dezember 2011). *Die Geschichte des KURIER.* Abgerufen am 13. Juli 2016 von http://kurier.at/services/diezeitung/die-geschichte-des-kurier/714.239

KURIER. (05. April 2013). *Offenlegung gem. § 25 MedienG KURIER.* Abgerufen am 13. Juli 2016 von http://kurier.at/services/offenlegung-gem-25-medieng-kurier/791.727

Mayr, P., & Schüller, R. (06. Februar 2015). *Gebildet, jung, urban und mobil: Unsere Leser und User von Print und Online.* Abgerufen am 08. Juli 2016 von derStandard.at: http://derstandard.at/2000010700989/Gebildet-jung-urban-und-mobil-Unsere-Leser?ref=rec

Styria Media Group AG. (s.a./a). *Die Presse - Ein intellektuelles Aushängeschild.* Abgerufen am 15. Mai 2017 von https://www.styria.com/de/die-presse-ein-intellektuelles-aushangeschild-734

Styria Media Group AG. (s.a./b). *Kleine Zeitung - Lesbare Leidenschaft für Land und Leute.* Abgerufen am 15. Mai 2017 von https://www.styria.com/de/kleine-zeitung-lesbare-leidenschaft-fur-land-und-leute-717

Styria Media Group AG. (s.a./c). *Wirtschaftsblatt - Österreichs einzige Wirtschaftstageszeitung.* Abgerufen am 13. Juli 2016 von http://www.styria.com/-/wirtschaftsblatt

Verband Österreichischer Zeitungen. (April 2017a). *Pressestatistik Illustrierte und Magazine.* Abgerufen am 26. April 2017 von http://www.voez.at/b202m30

Verband Österreichischer Zeitungen. (April 2017b). *Pressestatistik Tageszeitungen.* Abgerufen am 26. April 2017 von http://www.voez.at/b200m30

Verband Österreichischer Zeitungen. (April 2017c). *Pressestatistik Wochenzeitungen.* Abgerufen am 26. April 2017 von http://www.voez.at/b201m30

Verband Österreichischer Zeitungen. (s.a.). *Kronen Zeitung.* Abgerufen am 13. Juli 2016 von http://www.voez.at/l8w118

Verein ARGE Media - Analysen. (s.a.). *MA 2016 Presse.* Abgerufen am 26. April 2017 von http://www.media-analyse.at/table/2837

wienerzeitung.at. (s.a./a). *Die Wiener Zeitung GmbH.* Abgerufen am 13. Juli 2016 von http://www.wienerzeitung.at/unternehmen/455_Die-Wiener-Zeitung-GmbH.html

wienerzeitung.at. (s.a./b). *Redaktionsstatut der Wiener Zeitung.* Abgerufen am 13. Juli 2016 von http://www.wienerzeitung.at/unternehmen/redaktionsstatut/789561_Redaktionsstatut-der-Wiener-Zeitung.html

wienerzeitung.at. (s.a./c). *Amtsblatt.* Abgerufen am 13. Juli 2016 von http://www.wienerzeitung.at/amtsblatt/aktuelle_ausgabe/

Wikipedia. (21. Juni 2016c). *Kronen Zeitung.* Abgerufen am 13. Juli 2016 von https://de.wikipedia.org/wiki/Kronen_Zeitung

2.5.2 Rundfunk

Fejzuli, D. (05. Mai 2016). Privat-TV in Österreich. *Medianet.* Abgerufen am 07. Juli 2016 von Medianet: http://medianet.at/article/privat-tv-in-oesterreich-9212.html

GIS - Gebühren Info Service GmbH. (2016). *Unternehmen. Die GIS: Ein modernes Dienstleistungsunternehmen.* Abgerufen am 06. Juli 2016 von https://www.gis.at/unternehmen/

ORF. (s.a./a). *Fernsehen. MARKTANTEILE 2016.* Abgerufen am 26. April 2017 von http://der.orf.at/medienforschung/fernsehen/marktanteil/index.html

ORF. (s.a./b). *ORF TVTHEK. Sendungen.* Abgerufen am 06. Juli 2016 von http://tvthek.orf.at/programs

ORF-Gesetz. (BGBl. Nr. 379/1984 idF BGBl. I Nr. 112/2015). *Bundesgesetz über den Österreichischen Rundfunk (ORF-Gesetz, ORF-G).* Abgerufen am 06. Juli 2016 von Bundeskanzleramt Rechtsinformationssystem: https://www.ris.bka.gv.at/GeltendeFassung.wxe?Abfrage=Bundesnormen&Gesetzesnummer=10000785

Ulrich, A. (2014). Medien in Österreich. (Bundeskanzleramt Österreich, Hrsg.) Wien. S. 26-28, 33-35, 39-40. Abgerufen am 06. Juli 2016 von https://www.bka.gv.at/DocView.axd?CobId=57669

2.6 Überblick über Österreichs Geschichte ab 1945

2.6.1 Die Entstehung der Zweiten Republik

Ackerl, I. (2008). *Geschichte Österreichs in Daten.* Von 1806 bis heute. Wiesbaden: Marixverlag. S. 130.

Beller, S. (2007). *Geschichte Österreichs.* (S. Schneider, Übers.) Wien/Köln/Weimar: Böhlau. S. 247-248.

Wagner, G. (1987). *Österreich Zweite Republik. Zeitgeschichte und Bundesstaatstradition* (Bd. 2). Thaur/Wien: Österreichischer Kulturverlag. S. 37, 1267.

Weissensteiner, F. (1989). *Schicksalstage Österreichs. Wendepunkte, Krisen, Entwicklungen.* Wien: Ueberreuter. S. 177-183.

2.6.2 Die Besatzungszeit

Ackerl, I. (2008). *Geschichte Österreichs in Daten.* Von 1806 bis heute. Wiesbaden: Marixverlag. S. 130, 132.

Die Sozialpartner Österreich. (2015a). *Sozialpartner. Geschichte.* Abgerufen am 23. Mai 2016 von http://www.sozialpartner.at/?page_id=1115

Steininger, R. (1997). Die Südtirolfrage 1945-1992. In R. Steininger, & M. Gehler (Hrsg.), *Österreich im 20. Jahrhundert. Vom Zweiten Weltkrieg bis zur Gegenwart* (Bd. 2, S. 445-514). Wien/Köln/Weimar/Böhlau: Böhlau. S. 457-462.

Weinzierl, E. (1995). Zeitgeschichte im Überblick. In P. Dusek, A. Pelinka, & E. Weinzierl, *Zeitgeschichte im Aufriß. Österreich seit 1918. 50 Jahre Zweite Republik* (4. Ausg., S. 199-335). Wien: Jugend&Volk. S. 258.

Weissensteiner, F. (1989). *Schicksalstage Österreichs. Wendepunkte, Krisen, Entwicklungen.* Wien: Ueberreuter. S. 183-185.

2.6.3 Der Staatsvertrag

APA - Austria Presse Agentur. (s.a./a). *Gipfeltreffen Kennedy - Chruschtschow.* Abgerufen am 20. Mai 2016 von http://www.historisch.apa.at/cms/apa-historisch/dossier.html?dossierID=AHD_19610603_AHD0001

Stajić, O. (10. September 2015). *derStandard.at.* Abgerufen am 19. Mai 2016 von http://derstandard.at/2000022018004/Ungarn-1956-Von-armen-Fluechtlingen-zu-Parasiten-des-Wohlstands

Weinzierl, E. (1995). Zeitgeschichte im Überblick. In P. Dusek, A. Pelinka, & E. Weinzierl, *Zeitgeschichte im Aufriß. Österreich seit 1918. 50 Jahre Zweite Republik* (4. Ausg., S. 199-335). Wien: Jugend&Volk. S. 267-272.

Weissensteiner, F. (1989). *Schicksalstage Österreichs. Wendepunkte, Krisen, Entwicklungen.* Wien: Ueberreuter. S. 193-195.

Wirth, M. (2011). *Christian Broda. Eine politische Biographie* (Bde. Zeitgeschichte im Kontext, 5). (O. Rathkolb, Hrsg.) Göttingen: V&R unipress. S. 248-261.

2.6.4 Die kurzen sechziger Jahre

Gehler, M. (2005). *Österreichs Außenpolitik der Zweiten Republik. Von der alliierten Besatzung bis zum Europa des 21. Jahrhunderts* (Bd. 1). Innsbruck/Wien/Bozen: Studienverlag. S. 331-337, 341-347.

Kniefacz, K. (02. November 2015). *Die Borodajkewycz-Affäre 1965.* (Universität Wien) Abgerufen am 01. Juni 2016 von http://geschichte.univie.ac.at/de/artikel/die-borodajkewycz-affaere-1965

Kriechbaumer, R. (1998). *Die Ära Josef Klaus. Österreich in den "kurzen" sechziger Jahren* (Bde. Schrifenreihe des Forschungsinstitutes für Politisch-Historische Studien der Dr.-Wilfried-Haslauer-Bibliothek; 7/1). (R. Kriechbaumer, F. Schausberger, & H. Weinberger, Hrsg.) Wien/Köln/Weimar: Böhlau. S. 7, 72-76.

Medien-Servicestelle Neue Österreicher/innen. (06. Dezember 2011). *Geschichte der Zuwanderung von GastarbeiterInnen.* Abgerufen am 23. Mai 2016 von http://medienservicestelle.at/migration_bewegt/2011/12/06/geschichte-der-zuwanderung-von-gastarbeiterinnen/

Steininger, R. (1997). Die Südtirolfrage 1945-1992. In R. Steininger, & M. Gehler (Hrsg.), *Österreich im 20. Jahrhundert. Vom Zweiten Weltkrieg bis zur Gegenwart* (Bd. 2, S. 445-514). Wien/Köln/Weimar/Böhlau: Böhlau. S. 467-492.

Weinmann, B. (2000). *Josef Klaus. Ein großer Österreicher.* Wien: Molden Verlag. S. 165-169, 268-269, 276-277, 355-358.

2.6.5 Die Ära Kreisky (1970-1983)

APA - Austria Presse Agentur. (s.a./b). *Das Atomkraftwerk Zwentendorf.* Abgerufen am 23. Mai 2016 von http://www.historisch.apa.at/cms/apa-historisch/dossier.html?dossierID=AHD_19781105_AHD0001

Beller, S. (2007). *Geschichte Österreichs.* (S. Schneider, Übers.) Wien/Köln/Weimar: Böhlau. S. 260-262.

Bundesministerium für Inneres. (2002). Terrorismus. Tod in Bagdad. *Öffentliche Sicherheit. Das Magazin des Innenministeriums*(11-12/2002). Abgerufen am 2. Juni 2016 von http://www.bmi.gv.at/cms/BMI_OeffentlicheSicherheit/2002/11_12/Artikel_04.aspx

derStandard.at. (20. September 2005). *Hintergrund: "Kreisky-Wiesenthal-Affäre".* Abgerufen am 03. Juni 2016 von http://derstandard.at/2180166/Hintergrund-Kreisky-Wiesenthal-Affaere

DiePresse.com. (26. April 2011). *Chronologie: Der Ortstafel-Streit seit 1955.* Abgerufen am 23. Mai 2016 von http://diepresse.com/home/politik/innenpolitik/647029/Chronologie_Der-OrtstafelStreit-seit-1955

EVN Liegenschaftsverwaltung Gesellschaft m.b.H. (s.a.) *AKW Zwentendorf. Heute.* Abgerufen am 18. Mai 2017 von http://www.zwentendorf.com/heute.asp

Gehler, M. (2005). *Österreichs Außenpolitik der Zweiten Republik. Von der alliierten Besatzung bis zum Europa des 21. Jahrhunderts* (Bd. 1). Innsbruck/Wien/Bozen: Studienverlag. S. 393, 401-402.

Kellerhoff, S. (07. Januar 2015). *Schockwellen der Bomben und der Kalaschnikows.* Abgerufen am 21. Juni 2016 von Die Welt: http://www.welt.de/geschichte/article136133043/Schockwellen-der-Bomben-und-der-Kalaschnikows.html

Lackner, H. (20. Mai 2010). *Zeitgeschichte: 35 Jahre nach dem Überfall auf die OPEC in Wien.* Abgerufen am 27. Mai 2016 von profil.at: www.profil.at/home/zeitgeschichte-35-jahre-ueberfall-opec-wien-269060

Payer, P. (2002). Die Reichsbrücke: Zur Geschichte eines Mythos. In W. Hufnagel (Hrsg.), *Querungen. Brücken - Stadt - Wien* (S. 111-122). Kufstein: Sappl. S. 117-122.

Rathkolb, O. (1997). Die Kreisky-Ära 1970-1983. In R. Steininger, & M. Gehler (Hrsg.), *Österreich im 20. Jahrhundert. Vom Zweiten Weltkrieg bis zur Gegenwart* (S. 305-354). Wien/Köln/Weimar/Böhlau: Böhlau. S. 307-308, 320, 326-330.

Riegler, T. (2011). *Im Fadenkreuz: Österreich und der Nahostterrorismus 1973 bis 1985* (Bde. Zeitgeschichte im Kontext, 3). (O. Rathkolb, Hrsg.) Göttingen: V&R unipress. S. 71-74, 113-115.

UNIS Wien. (s.a.). *Die Vereinten Nationen in Wien.* Abgerufen am 30. Mai 2016 von http://www.unis.unvienna.org/unis/de/unvienna.html

Weinzierl, E. (1995). Zeitgeschichte im Überblick. In P. Dusek, A. Pelinka, & E. Weinzierl, *Zeitgeschichte im Aufriß. Österreich seit 1918. 50 Jahre Zweite Republik* (4. Ausg., S. 199-335). Wien: Jugend&Volk. S. 286.

Wirth, M. (2011). *Christian Broda. Eine politische Biographie* (Bde. Zeitgeschichte im Kontext, 5). (O. Rathkolb, Hrsg.) Göttingen: V&R unipress. S. 406-435, 438-441.

2.6.6 Die Skandale der 1980er Jahre

Freihofner, G. (1995). Der Fall Udo Proksch oder die Affäre 'Lucona'. In M. Gehler, & H. Sickinger (Hrsg.) *Politische Affären und Skandale in Österreich. Von Mayerling bis Waldheim.* Thaur/Wien/München: Kulturverlag. S. 546-567.

Gehler, M. (1995). '...eine grotesk überzogene Dämonisierung eines Mannes...' Die Waldheim-Affäre 1986-1992. In M. Gehler, & H. Sickinger (Hrsg.), *Politische Affären und Skandale in Österreich. Von Mayerling bis Waldheim.* Thaur/Wien/München: Kulturverlag. S. 614-652.

Kriechbaumer, R. (2004). *Die Ära Kreisky. Österreich 1970-1983 in der historischen Analyse, im Urteil der politischen Kontrahenten und in Karikaturen von Ironismus* (Bd. 22). Wien/Köln/Weimar: Böhlau. S 77-85.

Pelinka, A. (1995). "Wanzenjournalismus" und "Zerfall der Geschlossenheit". Der AKH-Skandal. In M. Gehler, & H. Sickinger (Hrsg.), *Politische Affären und Skandale in Österreich. Von Mayerling bis Waldheim.* Thaur/Wien/München: Kulturverlag. S 532-545.

Pretterebner, H. (1987). *Der Fall Lucona. Ost-Spionage, Korruption und Mord im Dunstkreis der Regierungs-spitze. Ein Sittenbild der Zweiten Republik.* Wien: Hans Pretterebner.

Scheidl, H. (9. Juli 2010). *25 Jahre Weinskandal: Auf Hainburg folgte der nächste Tiefschlag.* Abgerufen am 23. Mai 2016 von DiePresse.com: http://diepresse.com/home/panorama/oesterreich/578573/Weinskandal_Auf-Hainburg-folgte-der-naechste-Tiefschlag

Stuiber, P. (03. Januar 2016). *Noricum-Skandal: Waffendeals "unter der Tuchent".* Abgerufen am 06. Juni 2016 von derStandard.at: http://derstandard.at/2000028345634/Noricum-Skandal-Waffendeals-unter-der-Tuchent

Trettler, H. (1995). Der umstrittene Handschlag. Die Affäre Frischenschlager - Reder. In M. Gehler, & H. Sickinger (Hrsg.), *Politische Affären und Skandale in Österreich. Von Mayerling bis Waldheim.* Thaur/Wien/München: Kulturverlag. S. 592-610.

Wikipedia. (15. April 2016n). *Rudolf Kirchschläger.* Abgerufen am 01. Juni 2016 von https://de.wikipedia.org/wiki/Rudolf_Kirchschl%C3%A4ger

2.6.7 Die Koalitionsregierungen 1983-1994

Beller, S. (2007). *Geschichte Österreichs.* (S. Schneider, Übers.) Wien/Köln/Weimar: Böhlau. S. 276-278.

DiePresse.com. (04. Februar 2010). *Nachlese: Das Rohrbomben-Attentat von Oberwart.* Abgerufen am 21. Juni 2016 von http://diepresse.com/home/politik/innenpolitik/537513/Nachlese_Das-RohrbombenAttentat-von-Oberwart

Funken, M., & Reichardt, S. (23. Oktober 2007). *Massenflucht über Ungarn. Sommer 1989: Der erste Schritt zur Wende.* Abgerufen am 16. Juni 2016 von zdf.de: http://www.zdf.de/massenflucht-ueber-ungarn-5239544.html

Kelz, T. (s.a.). *Unfall/Hände.* Abgerufen am 15. Mai 2017 von http://www.theo-kelz.at/unfall-haende/

Mück, W., & Jelinek, G. (2000). "Glaubt an dieses Österreich!" Von der Monarchie zur EU. In W. Mück, *Österreich. Das war unser Jahrhundert* (S. 20-89). Wien/München/Zürich: Kremayr&Scheriau. S. 84.

Österreichische Mediathek. (s.a.). *Vergangenheitsbewältigung in Österreich.* Abgerufen am 21. Juni 2016 von http://www.mediathek.at/unterrichtsmaterialien/vergangenheitsbewaeltigung-in-oesterreich/

Pink, O. (05. Dezember 2009). *25 Jahre Hainburg: Die Erben der Au.* Abgerufen am 31. Mai 2016 von DiePresse.com: http://diepresse.com/home/politik/innenpolitik/526522/25-Jahre-Hainburg_Die-Erben-der-Au

Republik Österreich Parlament. (20. Mai 2016c). *Nationalfonds, Allgemeiner Entschädigungsfonds und Fonds zur Instandsetzung der jüdischen Friedhöfe in Österreich.* Abgerufen am 21. Juni 2016 von https://www.parlament.gv.at/WWER/NAT/

Tiroler Tageszeitung. (04. Februar 2015). *Die Attentate des Franz Fuchs - 25 Briefbomben, zwei Rohrbomben.* Abgerufen am 21. Juni 2016 von http://www.tt.com/home/9595127-91/die-attentate-des-franz-fuchs---25-briefbomben-zwei-rohrbomben.csp

Weinzierl, E. (1995). Zeitgeschichte im Überblick. In P. Dusek, A. Pelinka, & E. Weinzierl, *Zeitgeschichte im Aufriß. Österreich seit 1918. 50 Jahre Zweite Republik* (4. Ausg., S. 199-335). Wien: Jugend&Volk. S. 311-314.

2.6.8 Österreich seit dem EU-Beitritt

ala./Reuters. (26. August 2016). *Krisenbank Heta erzielt Milliardenüberschuss.* Abgerufen am 08. September 2016 von Frankfurter Allgemeine: http://www.faz.net/aktuell/wirtschaft/unternehmen/abwicklung-laeuft-krisenbank-heta-erzielt-milliardenueberschuss-14406386.html

BMLFUW. (11. Dezember 2012). *Die „Jahrhundert-Flut" 2002.* Abgerufen am 01. August 2016 von Bundesministerium für Land- und Forstwirtschaft, Umwelt und Wasserwirtschaft: http://www.naturgefahren.at/karten/chronik/Katastrophen_oestr/jhdt_Flut_2002.html

BMLFUW. (02. April 2014). *Hochwasserschutz seit 2002 massiv verbessert.* Abgerufen am 01. August 2016 von Bundesministerium für Land- und Forstwirtschaft, Umwelt und Wasserwirtschaft: https://www.bmlfuw.gv.at/wasser/schutz_vor_naturgefahren/hws_verbesse.html

Bundesministerium für Inneres. (2013b). *Volksbefragung 2013.* Abgerufen am 28. August 2016 von http://vb2013.bmi.gv.at/

Bundesministerium für Inneres. (2016a). *Bundespräsidentenwahl 2016 - 1. Wahlgang - Gesamtergebnis inklusive Verlautbarung der Bundeswahlbehörde.* Abgerufen am 01. September 2016 von http://www.bmi.gv.at/cms/BMI_wahlen/bundespraes/bpw_2016/Ergebnis.aspx

Bundesministerium für Inneres. (2016b). *Stimmenstärkste Kandidaten pro Bundesland.* Abgerufen am 01. September 2016 von http://wahl16.bmi.gv.at/

Bundesministerium für Inneres. (s.a.). *Nationalratswahl vom 3. Oktober 1999.* Abgerufen am 21. Juni 2016 von http://www.bmi.gv.at/cms/BMI_wahlen/nationalrat/NRW_1999.aspx

derStandard.at, APA. (15. Mai 2013). *Freisprüche für Flöttl und Co. rechtskräftig.* Abgerufen am 24. Juni 2016 von http://derstandard.at/1363711093371/Floettl-Freispruch-ist-rechtskraeftig

Dulle, P., Wabl, S. & Holzmüller, I. (26. Januar 2017). *Bundespräsident Van der Bellen: Ein verrücktes Wahljahr geht zu Ende.* Abgerufen am 02. Mai 2917 von Profil.at.: https://www.profil.at/shortlist/oesterreich/alexander-van-der-bellen-praesident-wahljahr-ende-7954369

European Commission. (20. Dezember 2007). *Hintergrundinformationen zur Schengen-Erweiterung (MEMO/07/618).* Abgerufen am 21. Juni 2016 von http://europa.eu/rapid/press-release_MEMO-07-618_de.htm

Kodnar, J. (s.a.). *Vom Schilling zum Euro. Euro-Einführung in Österreich.* Abgerufen am 22. Juni 2016 von http://www.geldschein.at/euro_euro_in_%F6sterreich.html

Mück, W. (2000). Höhen und Tiefen. Sensationen, Skandale und Rekorde. In W. Mück, *Österreich. Das war unser Jahrhundert* (S. 136-209). Wien/München/Zürich: Kremayr&Scheriau. S. 189-191.

Neisser, H. (2010). The Schüssel Years and the European Union. In G. Bischof, & F. Plasser (Hrsg.), *The Schüssel Era in Austria* (Bde. Contemporary Austrian Studies, 18, S. 183-205). New Orleans: University of New Orleans Press. S. 185-186, 189-190.

orf.at. (11. November 2010). *Ursache nie vollständig geklärt.* Abgerufen am 23. Juni 2016 von http://orf.at/stories/2024697/2024706/

Österreichische Präsidentschaftskanzlei. (s.a.). *NR-Präsidium.* Abgerufen am 14. September 2016 von http://www.bundespraesident.at/nr-praesidium/

profil.at. (22. Mai 2004). *Jubiläum: Baustelle in progress.* Abgerufen am 15. Juni 2016 von http://www.profil.at/home/jubilaeum-baustelle-82294

Republik Österreich Parlament. (07. Mai 1999). *Für sechs Monate Kutscher Europas. Parlamentskorrespondenz Nr. 234.* Abgerufen am 22. Juni 2016 von https://www.parlament.gv.at/PAKT/PR/JAHR_1999/PK0234/index.shtml

Republik Österreich Parlament. (19. Mai 2016d). *Vor 20 Jahren: Abschluss des EU-Beitrittsvertrags und der EU-Beitritt Österreichs.* Abgerufen am 15. Juni 2016 von https://www.parlament.gv.at/PERK/PE/OEINEU/EUBeitrittOE/index.shtml

Reuters. (06. September 2016). *Neues Angebot an Heta-Gläubiger.* Abgerufen am 08. September 2016 von Handelsblatt: http://www.handelsblatt.com/unternehmen/banken-versicherungen/oesterreichische-krisenbank-neues-angebot-an-heta-glaeubiger/14504984.html

Ritterband, C. E. (20. Januar 2013). *Volksbefragung in Österreich. Die Wehrpflicht bleibt.* Abgerufen am 28. August 2016 von Neue Züricher Zeitung: http://www.nzz.ch/die-wehrpflicht-bleibt-1.17950857

trend.at. (27. Dezember 2015). *Das bringt die Steuerreform 2016: Die Details.* Abgerufen am 28. August 2016 http://www.trend.at/politik/oesterreich/steuerreform-details-5553542

Verfassungsgerichtshof. (01. Juli 2016). *W I 6/2016-125.* Abgerufen am 01. September 2016 von https://www.vfgh.gv.at/cms/vfgh-site/attachments/5/7/8/CH0003/CMS1468412977051/w_i_6_2016.pdf

vienna.at, APA. (03. Februar 2015). *Die größten Demonstrationen in Österreich: Von Lichtermeer bis Pegida.* Abgerufen am 06. Juni 2016 von http://www.vienna.at/die-groessten-demonstrationen-in-oesterreich-von-lichtermeer-bis-pegida/4224281

Wikipedia. (05. April 2016a). *BAWAG-Affäre.* Abgerufen am 24. Juni 2016 von https://de.wikipedia.org/wiki/BAWAG-Aff%C3%A4re

Wikipedia. (21. Juni 2016y). *Hypo Alpe Adria.* Abgerufen am 08. September 2016 von https://de.wikipedia.org/wiki/Hypo_Alpe_Adria

Winkler-Hermaden, R. (21. Januar 2010). *Als Österreich der Buhmann der EU war.* Abgerufen am 24. Juni 2016 von http://derstandard.at/1263705581215/EU-Sanktionen-Als-Oesterreich-der-Buhmann-der-EU-war

WirtschaftsBlatt Redaktion. (14. Januar 2016). *Steuerreform 2016: So hoch ist Ihr neues Nettoeinkommen.* Abgerufen am 28. August 2016 von WirtschaftsBlatt: http://wirtschaftsblatt.at/home/nachrichten/newsletter/4904286/Steuerreform-2016_So-hoch-ist-Ihr-neues-Nettoeinkommen

TRANSKULTURALITÄT – TRANSLATION – TRANSFER

Bd. 1 Cornelia Zwischenberger: Qualität und Rollenbilder beim simultanen Konferenzdolmetschen. 434 Seiten. ISBN 978-3-86596-527-1

Bd. 2 Sarah Fünfer: Mensch oder Maschine? Dolmetscher und maschinelles Dolmetschsystem im Vergleich. 150 Seiten. ISBN 978-386596-548-6

Bd. 3 Dörte Andres/Martina Behr (Hg.): Die Wahrheit, die reine Wahrheit und nichts als die Wahrheit. Erinnerungen der russischen Dolmetscherin Tatjana Stupnikova an den Nürnberger Prozess. 242 Seiten. ISBN 978-3-7329-0005-3

Bd. 4 Larisa Schippel (Hg.): Magda Jeanrenaud: Universalien des Übersetzens. 332 Seiten. ISBN 978-3-86596-444-1

Bd. 5 Sylvia Reinart: Lost in Translation (Criticism)? Auf dem Weg zu einer konstruktiven Übersetzungskritik. 438 Seiten. ISBN 978-3-7329-0014-5

Bd. 6 Sophia Scherl: Die deutsche Übersetzungskultur in der zweiten Hälfte des 18. Jahrhunderts. Meta Forkel-Liebeskind und ihre Übersetzung der *Rights of Man*. 152 Seiten. ISBN 978-3-7329-0020-6

Bd. 7 Thomas Kammer: Basiswissen für Dolmetscher – Deutschland und Spanien. 204 Seiten. ISBN 978-3-7329-0035-0

Bd. 8 Dorothee Jacobs: Basiswissen für Dolmetscher – Deutschland und das Vereinigte Königreich Großbritannien und Nordirland. 192 Seiten. ISBN 978-3-7329-0036-7

Bd. 9 Sophia Roessler: Basiswissen für Dolmetscher – Deutschland und Italien. 212 Seiten. ISBN 978-3-7329-0039-8

Bd. 10 Annika Selnow: Basiswissen für Dolmetscher – Deutschland und Frankreich. 192 Seiten. ISBN 978-3-7329-0040-4

Bd. 12 Alice Leal: Is the Glass Half Empty or Half Full? Reflections on Translation Theory and Practice in Brazil. 334 Seiten. ISBN 978-3-7329-0068-8

Bd. 13 Kristina Werner: Zwischen Neutralität und Propaganda – Französisch-Dolmetscher im Nationalsozialismus. 130 Seiten. ISBN 978-3-7329-0085-5

Bd. 14 Larisa Schippel/Magda Jeanrenaud/Julia Richter (Hg.): „Traducerile au de cuget să îmblînzească obiceiurile …". Rumänische Übersetzungsgeschichte – Prozesse, Produkte, Akteure. 368 Seiten. ISBN 978-3-7329-0087-9

Bd. 15 Elena Kalašnikova (Hg.): „Übersetzer sind die Wechselpferde der Aufklärung". Im Gespräch: Russische Übersetzerinnen und Übersetzer deutscher Literatur. 254 Seiten. ISBN 978-3-7329-0097-8

TRANSKULTURALITÄT – TRANSLATION – TRANSFER

Bd. 16 Dörte Andres/Martina Behr (eds.): To Know How to Suggest ... Approaches to Teaching Conference Interpreting. 260 Seiten. ISBN 978-3-7329-0114-2

Bd. 17 Tatiana Bedson/Maxim Schulz: Sowjetische Übersetzungskultur in den 1920er und 1930er Jahren. Die Verlage *Vsemirnaja literatura* und *Academia*. 182 Seiten. ISBN 978-3-7329-0142-5

Bd. 18 Cécile Balbous: Das Sprachknaben-Institut der Habsburgermonarchie in Konstantinopel. 90 Seiten. ISBN 978-3-7329-0149-4

Bd. 19 Cornelia Zwischenberger/Martina Behr (eds.): Interpreting Quality: A Look Around and Ahead. 334 Seiten. ISBN 978-3-7329-0191-3

Bd. 20 Mehmet Tahir Öncü: Basiswissen für Dolmetscher – Deutschland und die Türkei. 232 Seiten. ISBN 978-3-7329-0154-8

Bd. 21 Marc Orlando: Training 21st century translators and interpreters: At the crossroads of practice, research and pedagogy. 158 Seiten. ISBN 978-3-7329-0245-3

Bd. 22 Christian Trollmann: Nationalsozialismus auf Japanisch? Deutsch-japanische Beziehungen 1933–1945 aus translationssoziologischer Sicht. 154 Seiten. ISBN 978-3-7329-0281-1

Bd. 23 Ursula Gross-Dinter (Hg.): Dolmetschen 3.0 – Einblicke in einen Beruf im Wandel. 226 Seiten. ISBN 978-3-7329-0188-3

Bd. 24 Lieven D'hulst/Carol O'Sullivan/Michael Schreiber (eds.): Politics, Policy and Power in Translation History. 256 Seiten. ISBN 978-3-7329-0173-9

Bd. 25 Dörte Andres/Julia Richter/Larisa Schippel (Hg.): Translation und „Drittes Reich". Menschen – Entscheidungen – Folgen. 352 Seiten. ISBN 978-3-7329-0302-3

Bd. 26 Julia Richter/Cornelia Zwischenberger/Stefanie Kremmel/Karlheinz Spitzl (Hg.): (Neu-)Kompositionen. Aspekte transkultureller Translationswissenschaft. 404 Seiten. ISBN 978-3-7329-0306-1

Bd. 27 Barbara den Ouden: Translation und Emotion: Untersuchung einer besonderen Komponente des Dolmetschens. 438 Seiten. ISBN 978-3-7329-0304-7

Bd. 28 Larisa Schippel/Cornelia Zwischenberger (eds.): Going East: Discovering New and Alternative Traditions in Translation Studies. 540 Seiten. ISBN 978-3-7329-0335-1

Bd. 29 Dörte Andres/Klaus Kaindl/Ingrid Kurz (Hg.): Dolmetscherinnen und Dolmetscher im Netz der Macht. Autobiographisch konstruierte Lebenswege in autoritären Regimen. 280 Seiten. ISBN 978-3-7329-0336-8

TRANSKULTURALITÄT – TRANSLATION – TRANSFER

Bd. 30 Martina Behr/Sabine Seubert (Hg.): Education is a Whole-Person Process. Von ganzheitlicher Lehre, Dolmetschforschung und anderen Dingen. 516 Seiten. ISBN 978-3-7329-0324-5

Bd. 31 Simone Kellner: Basiswissen für Dolmetscher und Übersetzer – Österreich. 108 Seiten. ISBN 978-3-7329-0370-2

Bd. 32 Simon Zupan/Aleksandra Nuč (eds.): Interpreting Studies at the Crossroads of Disciplines. 204 Seiten. ISBN 978-3-7329-0045-9

Bd. 33 Hilke Effinghausen: Zwischen Neutralität und Propaganda – Spanisch-Dolmetscher im Nationalsozialismus. 178 Seiten. ISBN 978-3-7329-0394-8

Bd. 34 Lars Felgner: Nonverbale Kommunikation beim medizinischen Dolmetschen. 428 Seiten. ISBN 978-3-7329-0386-3

Bd. 35 Annika Schlesiger: Berufsschutz für Übersetzer und Dolmetscher in Deutschland. Vergangenheit – Gegenwart – und Zukunft? 200 Seiten. ISBN 978-3-7329-0408-2

Bd. 36 Lena Skalweit: Dolmetscher und ihre Ausbildung im Zeitalter der europäischen Expansion. Osmanisches Reich und Afrika. 312 Seiten. ISBN 978-3-7329-0371-9

Bd. 37 Samantha Blai: Basiswissen für Dolmetscher und Übersetzer – Deutschland und Polen. 306 Seiten. ISBN 978-3-7329-0446-4

Bd. 38 Jette Knapp: Basiswissen für Dolmetscher und Übersetzer – Deutschland und USA. 248 Seiten. ISBN 978-3-7329-0447-1

Bd. 39 Thomas Baumgart/Mona Gerlach: Basiswissen für Dolmetscher und Übersetzer – Deutschland und Spanien. 254 Seiten. ISBN 978-3-7329-0465-5

Bd. 40 Amrei Bahr/Katja Hagedorn: Basiswissen für Dolmetscher und Übersetzer – Deutschland und das Vereinigte Königreich Großbritannien und Nordirland. 236 Seiten. ISBN 978-3-7329-0467-9

Bd. 41 Saskia Isabelle Riemke/Eleonora Pepe: Basiswissen für Dolmetscher und Übersetzer – Deutschland und Italien. 276 Seiten. ISBN 978-3-7329-0468-6

Bd. 42 Miriam Heike Schroers: Basiswissen für Dolmetscher und Übersetzer – Deutschland und Frankreich. 280 Seiten. ISBN 978-3-7329-0485-3

Bd. 43 Charlotte P. Kieslich: Dolmetschen im Nationalsozialismus. Die Reichsfachschaft für das Dolmetscherwesen (RfD). 428 Seiten. ISBN 978-3-7329-0515-7

Bd. 44 Viktoria Fedorovskaja/Tatiana Yudina: Basiswissen für Dolmetscher und Übersetzer – Deutschland und Russland. 264 Seiten. ISBN 978-3-7329-0487-7

TRANSKULTURALITÄT – TRANSLATION – TRANSFER

Bd. 45 Ke Liu: Basiswissen für Dolmetscher und Übersetzer – Deutschland und China. 228 Seiten. ISBN 978-3-7329-0527-0

Bd. 46 Antonina Lakner: Peter de Mendelssohn – Translation, Identität und Exil. 414 Seiten. ISBN 978-3-7329-0491-4

Bd. 47 Sabine Seubert: Visuelle Informationen beim Simultandolmetschen. Eine Eyetracking-Studie. 402 Seiten. ISBN 978-3-7329-0572-0

Bd. 48 Kimberly Dinnissen/Rob Soons: Basiswissen für Dolmetscher und Übersetzer – Deutschland und die Niederlande. 270 Seiten. ISBN 978-3-7329-0583-6

Bd. 49 Martina Behr: Dolmetschen: Komplexität, Methodik, Modellierung. 288 Seiten. ISBN 978-3-7329-0635-2

Bd. 50 Aleksey Tashinskiy/Julija Boguna/Andreas F. Kelletat (Hg.): Übersetzer und Übersetzen in der DDR. Translationshistorische Studien. 292 Seiten. ISBN 978-3-7329-0698-7

Bd. 51 Kate Reiserer: Vier Übersetzerinnen und ihre neun Ehemänner. Ehe und Übersetzung in der Romantik. 154 Seiten. ISBN 978-3-7329-0755-7

Bd. 52 Larisa Schippel/Julia Richter (Hg.): Translation und „Drittes Reich". Translationsgeschichte als methodologische Herausforderung. 370 Seiten. ISBN 978-3-7329-0661-1

Bd. 53 Aleksey Tashinskiy/Julija Boguna/Tomasz Rozmysłowicz (Hg.): Translation und Exil (1933–1945) I. Namen und Orte. Recherchen zur Geschichte des Übersetzens. 494 Seiten. ISBN 978-3-7329-0744-1

Bd. 54 Hildegard Maria Mader: Von Paris nach Kairo: Wissenstransfer im *Paris-Bericht* Rifāʿa Rāfiʿ aṭ-Ṭahṭāwīs. Ein Beitrag zur Übersetzungsgeschichte Ägyptens im 19. Jahrhundert. 118 Seiten. ISBN 978-3-7329-0841-7

Bd. 55 Yafen Zhao: Take it or leave it? Notationstechnik beim Konsekutivdolmetschen Chinesisch–Deutsch. 276 Seiten. ISBN 978-3-7329-0871-4

Bd. 56 Hannah Spannring: Lore Segal – Ein translatorisches Porträt im Kontext Exil. 238 Seiten. ISBN 978-3-7329-0901-8